페르시아 소네트
신비의 혀

나남출판

나남소네트 · 003

신비의 혀
페르시아 소네트

2005년 10월 15일 발행
2005년 10월 15일 1쇄

저자_ 샴세딘 모함마드 허페즈 쉬러지
역자_ 辛圭燮
발행자_ 趙相浩
디자인_ 이필숙
발행처_ (주) **나남출판**
주소_ 413-756 경기도 파주시 교하읍
　　　출판도시 518-4
전화_ 031) 955-4600 (代)
FAX_ 031) 955-4555
등록_ 제 1-71호(79. 5. 12)
홈페이지_ www.nanam.net
전자우편_ post@nanam.net

ISBN 89-300-1803-3
ISBN 89-300-1800-9 (세트)
책값은 뒤표지에 있습니다.

나남소네트 · 003

페르시아 소네트
신비의 혀

샴세딘 모함마드 허페즈 쉬러지
신규섭 역

나남출판

옮긴이 해제

생애와 시대

샴세딘 모함마드 허페즈는 1320~1325년 사이에 이란 남중부의 도시 쉬러즈에서 태어나 1390년에 세상을 떠났다. '신비의 혀'라고 불리는 허페즈(또는 하피스·Hafez Shirazi)는 페르시아의 가장 유명한 가잘(ghazal·소네트) 시인이었다. 가잘은 사랑과 술을 주제로 한 시로서, 시 행수는 7~14행 사이이며, 마지막 행에 시인의 호가 등장한다. 20세기 초 자유시가 등장하기 전까지 페르시아의 시는 운율을 철저하게 지키는 고전시의 형태를 따랐다. 가잘, 마쓰나비(*Mathnavi*), 가시데(*Ghasideh*) 등 십여 가지에 이르는 시형은 그 자체의 운과 율격을 갖는다. 특히 가잘은 첫 행 두 반구의 각운이 일치해야 하고, 7~14행에 이르는 각 행의 각운이 일치해야 한다.

가잘은 허페즈에서 시작된 것은 아니지만 그가 발전·완성시킨 장르이다. 허페즈는 코란과 신학을 강의했으며, 코란을 암송한다는 뜻에서 허페즈(암송하는 자)라는 호가 붙여졌다. 그는 어린 시절 부친의 코란 염송을 들으면서 구절을 암송했다. 요즘도 이슬람권 국가에서 코란 암송대회는 흔히 볼 수 있으며, 그 대회에서 상을 수상하면 허페즈라는 칭호가 주어진다는 점에서 당시의 관습과 별반 다르지 않아 보인다. 또한 허페즈는 중세 페르시아 대시인들인 아터르 니셔부리(Attar Nishabouri), 루미(Rumi·이란에서는 몰라비 Maulavi로 잘 알려져 있음), 네저미(Nezami)와 사아디(Sa'di Shirazi)의 작품 다수를 암송했으며, 그들은 그의 영웅이었다.

어린 시절 숯 판매상을 하던 아버지가 타계한 후, 허페즈는 어머니와 함께 삼촌 집으로 옮겨 가 살았다. 그의 부친으로부터 많은 빚을 떠안았기에 포목점과 빵집에서 일하기 위해 학교를 그만두어야 했다. 빵집에서 일하면서 허페즈는 부유층이 사는 지역으로 빵을 배달하다가 아름다운 젊은 여인, 샤케 나바트(Shakh-e-Nabat)를 보았다. 이후, 그의 수많은 시가 그녀를 위해 지어졌다. 연인과 연락을 취하기 위한 일념으로 40일 밤낮을 가리지 않고 버버 쿠히(baba kuhi·덕과 고결성으로 잘 알려진 이름)

의 무덤에서 기도하고, 또 기도했다. 그는 수행을 마치고서 아터르(Attar·아터르 니셔부리가 아님)를 만나 제자가 되었다. 젊은 시절 허페즈는 소매상인 및 예술가들이 주축이 된 문학모임에 참석해서 시적 재능을 쌓아 나갔다. 당시 문학모임에는 두 가지 중요한 경향이 있었다. 하나는 과감하게 왕정을 비판했던 린즈(Rinds)의 모임이고, 다른 하나는 일반 민중의 고통에 대해 깊이 뉘우치는 말라마티스(Malamatis)의 모임이 그것이다. 허페즈는 두 그룹과 어울려 한목소리를 내었다.

허페즈는 몽고(일한국)조에서부터 모자파르(Mozaffar)조를 거쳐 티무르조에 이르기까지 주권을 빼앗겼던 암울한 시대를 살았다. 모자파르 왕조는 허약하고 불안정했던 인주(Inju)왕조를 계승했다. 모자파르 왕조는 몽고조에서 티무르조로 지배세력이 바뀌는 분열의 시기에 쉬러즈를 포함한 이란 남부 파르스 지역을 통치했다. 허페즈는 인주 왕조 당시, 아부 이삭(Abu Ishak)의 궁정에서 시인으로 활약하면서 명성을 얻었다. 당시 궁정시인은 국가의 대소사를 논할 만큼 영향력이 큰 지위였다. 이 시기 그의 시는 '영적 낭만주의'의 단계로 파악된다.

모버레즈 모자파르는 쉬러즈를 장악하고, 허페즈를 대학의 코란학 교수직에서 내쫓았다. 이는 그와 관련된 여러 가지 일화 중의 하나로 남아 있다. 이 시기에 허페즈는 항의시를 발표했다. 쇼자(Shoja) 왕은 폭군이었던 그의 부친을 수감시켰으며, 허페즈를 대학의 교수직에 복직시켰다. 이 시기 허페즈의 시는 '정묘한 영성'의 단계로 진입한다. 쇼자 왕이 허페즈에 대한 호의를 거두어들이자, 그는 신변의 안전을 위해 쉬러즈로 도망갔고, 에스파헌에서 유배 아닌 유배생활을 한 것으로 알려져 있다. 이 시기에 그의 시는 주로 쉬러즈(Shiraz), 샤케 나바트(Shakh-e-Nabat), 영적 스승인 아터르(Attar)에 관해 읊고 있다. 몇 년 후 쇼자 왕의 부름을 받아 유배생활을 마치고 쉬러즈로 귀향했으며, 교수직에도 복직되었다. 쇼자 왕을 비롯한 모자파르 왕조는 허페즈의 후견인으로 자처했지만 허페즈나 그의 시에 대해 각별한 관심을 갖지는 않았다. 모자파르 왕조를 계승한 티무르 왕조도 그에게 큰 관심을 보이지 않았던 것으로 알려졌고, 이러한 역사적 사실들도 그의 시에 언급되어 있다.

    나이 예순에는 창조주와의 합일을 갈망하며, 스스로 그린 원 안에 앉아 40일 밤낮을 수도에 정진했다. 40일째 되는 날 아침, 그날은 영적인 스승 아터르와 만난 지 40년째가 되는 날이기도 했다. 그날 스승을 찾아갔고, 아터르가 그에게 따라준 포도주 한

잔을 마시고 우주적 의식 혹은 신에 대한 인식의 영역에 도달했다. 이 시기에서부터 세상을 떠날 때까지 허페즈는 자신이 남긴 가잘의 반 이상을 지었고, 제자 양성에도 꾸준하게 힘을 쏟았다. 허페즈는 영감을 받았을 때에만 시를 읊었다. 이런 이유로 그는 1년에 약 10여 편의 가잘만을 지었고, 시의 주제도 진정한 연인, 신의 가치를 읊는 데 초점을 맞추었다. 이 시기 그의 시는 신과 합일한 스승의 권능에 대해 말하고 있다. 그러므로 허페즈의 시를 깊이 있게 음미하기 위해서는 페르시아 고대사상에 관해 살펴볼 필요가 있다.

페르시아 고대사상 일별

애르펀(Mysticism · 신비주의)이라 불리는 페르시아(이란) 수피즘(sufism)은 이슬람 수피즘의 기원이 되었다. 애르펀은 이란인들의 정신적 원형이자 페르시아의 도(道)라고 말할 수 있다. 애르펀과 이슬람 수피즘은 중세 페르시아 시인들의 사상을 지배해 왔기 때문에 애르펀이라는 영적 전통에 대한 이해 없이는 페르시아 고전시를 전혀 이해할 수 없다고까지 말할 수 있다. 국명(國名) 이란은 아리안에서 생겨났고, 페르시아 애르펀은 아리안들의 믿음체계가 반영된 것이다. 인류 최초의 문명으로 일컬어지는 이란의 역사는 7천 년에 이르지만 당시는 아리안족이 이 지역을 지배했고, 고대사상이 형성되기 시작한 무렵은 약 3천 년 전으로 거슬러 올라간다. 애르펀은 이슬람의 도래 이후 수피즘의 형태로 나타났다.[1]

일반적으로 페르시아 수피즘(애르펀)의 기원은 조로아스터교, 불교와 신플라톤주의에서 찾을 수 있지만, 좁게 말해 페르시아 수피즘은 페르시아 불교가 사라진 후 존속한 불교사상이다. 내재성을 특징으로 하는 불교는 자기 존재의 깊은 내면에서 신

---

[1] 비록 이슬람 수피즘이 이슬람의 비교(秘教)로 간주될지언정 애르펀에서 차용한 이슬람 수피즘의 본질은 이슬람의 가르침과 대척점에 있고, 앞으로도 이슬람 수피즘과 이슬람 정통학자들의 대립은 계속될 것이다. 왜냐하면 이슬람 수피즘의 두 축인 파나(Fana는 Nirvana와 동등한 의미로서 해탈을 뜻한다)와 바가(Baqa · 신과의 합일 · 불멸성)는 정통 이슬람 학자들에 의해 받아들여지지 않기 때문이다. 자아가 소멸될 때가 '파나'이고, 그것이 지속되는 것이 '바가'인데, 오늘날 쉬(시)아와 순(수)니 이슬람 성직자들은 수피(Sufi · 수피즘을 추종하는 道人)와 같은 결론에 도달하지 않는다. 알리를 따르는 무리라는 의미의 쉬(시)아파와 그들의 교리인 쉬이즘(Shiism)은 조로아스터교와 페르시아 불교에서 나온 애르펀에서 시작되었고, 이슬람 시기에 애르펀은 수피즘으로 그 용어가 바뀌었다. 쉬이즘이 수피즘에서 출발했다는 사실은 국내에 전혀 알려져 있지 않다.

을 찾으려 한다. 애르펀과 일신교 이슬람의 가장 큰 차이는 이것일 것이다. 범신론을 근간으로 하는 페르시아의 전통적 신앙체계는 미트라교 → 조로아스터교 → 불교로 이어진다. 수세기 동안 페르시아가 불교국가였다는 사실은 아리안으로 알려진 부처를 생각하면 이해하기 쉽다. 유대교・기독교・이슬람교와 같은 일신론적인 셈족의 종교와는 다르다. 이슬람교는 이란의 입장에서 보면 외래종교이다. 자신의 문화 토대 위에 정체성을 확립해 가는 이란은 이슬람교를 받아들인 후 쉬이즘(쉬아파의 교리)적 체계를 구축함으로써 정체성을 공고히 하였다. 물론 조로아스터교는 유대교를 비롯한 셈족의 종교에도 커다란 영향을 끼쳤다.

한국에서도 수피즘에 관해 깊이 있게 연구되긴 했지만, 서양과 아랍권 위주의 연구에 의존하다보니 인류 최초의 문명을 주도했고 수피즘의 본고장이라 할 페르시아권 연구가 소개될 기회가 적었다. 셈어를 사용하는 셈족의 아랍 이슬람권은 불교문화를 경험하지 못했지만 서남아시아의 페르시아 문화권은 수세기 동안 불교를 꽃피웠고, 불교는 아리안들의 믿음체계였다. 이란, 아프가니스탄, 파키스탄, 투르크메니스탄, 우즈베키스탄 같은 국가들은 고대 페르시아와 전 지역적 또는 부분적으로 공통

된 역사를 유지하면서 수세기 동안 불교권 국가를 형성했다. 페르시아 불교가 중국 초기불교의 토대를 놓았으며, 신라 불교도 서역을 통해 페르시아 불교의 영향을 받았다.

허페즈의 시문학

율격은 10가지의 기본적 장단이 있고, 이의 반복과 합성으로 21가지의 새로운 장단이 만들어진다. 이 율격으로 만들어진 허페즈의 시는 하나의 노래 같은 음악적 요소를 그 자체에 담고 있다. 페르시아 문학을 대변하는 허페즈 시의 특징은 메타포와 알레고리를 포함한 은유·대유·풍유·인유·상징성에 있으며, 수려한 문장에서 최적의 시어를 선택할 줄 아는 시의 달인이었다. 부조리, 광기, 카오스는 그의 철학·사상의 핵심인 반이성주의의 한 축을 이루면서 감성론, 직관적인 페르시아의 사랑관(직관)과 함께 그의 문학을 지탱한다. 특히 그의 시학은 신을 갈망하고, 신성의 근원을 체험하기 원하지만 특정 종교에 귀속되는 것을 거부하기 때문에 애르펀 같은 페르시아 고대 철학사상과의 연관성 안에서 그의 시철학을 이해할 필요가 있다. 애르펀에서 진정한 어레프(Mystic · 애르펀을 추종하는 구도자)들은 어떠한 종교에도 귀속되어 있지 않으며, 신성모독과 일신론에 대항하면서 그들의 비난에도 아랑곳하지 않는다.

허페즈는 아터르, 몰라비(루미)와 사아디 등 중세 페르시아 대시인들의 영향을 많이 받았지만, 노자의 도가철학 영향도 적지 않게 받았다. 페르시아 수피즘과 노자의 도가철학은 신비주의적 속성을 근간으로 많은 유사성을 가진다. 노자의 天地不仁(천지는 인자하지 않다)을 떠오르게 하는 대목, 즉 하늘의 냉혹함을 의미하는 시구가 곳곳에서 등장하고, 모든 만물이 無(없음)에서 나와 無로 돌아간다는 '색즉시공 공즉시색'(色卽是空 空卽是色)의 불교적 요소가 많이 포함되었다는 것은 아리안의 전통적 믿음체계에 기초함을 기억할 필요가 있다.

페르시아의 7천 년 역사에서 3천 년간 지속된 이란・아리안의 철학은 시대와 시인에 따라 다양한 개념으로 존재를 설명하지만 대체로 이성을 거부하고 몸은 마음에 종속된다는 견해가 지배적이다.2 허페즈의 시도 마음을 감성(사랑)의 중심체로 파악한다. 또한 허페즈의 시는 애매성의 철학으로 일관하는데 이

---

2 국내의 문학과 철학계 일부에서 서구 이성주의에 대한 거부의 몸짓으로 몸에 대한 담론이 활성화하고 있지만 이 역시 최근 서구에서 형성된 몸담론과 무관하지 않은 것으로, 서구철학에 대한 또 다른 종속이 아닌가 하는 우려를 낳게 한다.

는 노자의 도가사상이 영향을 끼친 것으로 보이며, 그의 시의 중요한 특징이다. 그러므로 조로아스터교의 善神과 惡神이라는 페르시아의 二神論이 이후 서구에 선과 악의 이원론으로 잘못 알려지면서 인문학에서 오류와 몰이해가 반복된다. 고대로부터 계속 전래돼 온 페르시아의 범신론적 믿음체계가 현재 이란의 종교인 일신론의 이슬람교로만 알려졌다는 점이다. 미트라교 → 조로아스터교 → 불교 → 마니교로 이어지는 페르시아의 범신론적 신앙은 선과 악의 분명한 구별보다는 그 경계가 모호한 선(善)과 불선(不善)이라는 노자의 철학과 궤를 같이한다는 점에서 허페즈의 시철학에 담긴 도가사상의 영향을 간과할 수 없지만, 허페즈의 애매성의 시철학은 노자의 영향과 더불어 페르시아의 고유한 신앙체계에 기초한다는 점에 주목할 필요가 있다. 허페즈는 14세기 중세 이슬람의 시대에 살면서도 고대 페르시아의 범신론적 사상에 의지한 것이다. 다시 말해 흔히 기독교에서 보이는 선과 악의 명확한 경계보다는 삶의 축을 선과 불선으로 간주해, 그 경계를 모호하게 설정했다.

그는 자신의 시에서 이슬람 수피즘과 당대의 사회상에 대해 주로 언급하면서, 이슬람을 비롯한 성직자들에게 통렬한 비판을 가한다. 그가 보기에 그들은 겉으로는 '금욕과 절제'를 설교하지만 안으로는 거침없이 욕망을 분출하는 이중적 인간이다. 한 편이 7~14행으로 이루어진 그의 가잘의 각 행은 서로 다른 주제들을 다루고, 각 주제가 연속성을 갖기보다는 사상의 전체적 통일에 무게를 실음으로써 각 의미와 목적이 다양한 불연속적 특성을 띤다. 일례로, 한 단어는 앞에서는 성스러운 용어로 쓰이다가 바로 뒤이어 세속적 사랑을 말하거나, 한 행의 전반구에서 몸과 술 취한 상황을 읊다가, 후반 구에서는 정신과 진지함을, 또 다른 곳에서는 신비적인 면을 읊조리며 문득 탕아(randy)의 개념이 등장하기도 한다. 이처럼 감성과 초감성, 성과 속, 반어와 역설이 뒤엉킨 허페즈의 시에 대해 괴테는 "회의적 운동성"이라고 언급한 바도 있다. 물론 그가 사용한 '탕아' 개념의 사전적 의미는 호색한, 난봉꾼이라는 지극히 부분적인 의미에 지나지 않지만 그는 남에게 해를 끼치지 않는 한도 내에서 인간의 본능을 인본주의적 삶의 한 축에 놓고, 그 대칭축에 절대적 자유를 근간으로 하는 또 다른 삶을 포진시킴으로써 랜디 개념의 또 다른 폭을 제시한다. 이는 어떤 종교에도 얽매이고 싶지 않은 허페즈의 특징이자 그의 시를 관통하는 휴머니즘의 발로라고 하겠다. 즉, 허페즈 시의 가장 큰 특징인 인간애와 생명존중 사상, 그리고 고난으로 점철된 민초들의 삶에 낙관주의적 사고를 불어넣었다는 것으로 볼 수 있다. 허페즈는 페르시아 문학에서 수많은 논쟁을 불러일으켰던 인물로, 그 핵심은 과연 허페즈가 수피적 메시지를 전달하기 위해 세속적 사랑과 알레고리의 상징성을 이용했는지에 집중된다. 서구의 많은 학자들은 허페즈의 시에 어떠한 수피적 가치의 기여도 인정하지 않는 반면, 동양의 많은 학자들은 수피적 가치를 제외하고는 다른 어떤 것도 없다고 말한다. 이 중 어떤 한 견해가 타당하다고 볼 수만은 없는 이유는 그의 시에 하나님에 대한 사랑과 세속적 사랑이 절묘하게 배합되었기 때문이다. 왜냐하면 그의 가잘 중 절반 이상이 '정묘한 영성'의 단계를 경험한 뒤에야 지어졌던 것으로 미루어 보아 그러한 영감 속에서 지었던 이들 시작(詩作)이 세속적 연인과의 사랑을 논한 것이 아니라는 점은 분명하다. 괴테는 허페즈가 누구도 "대적할 자가 없는 시인"이라고 극찬했다. 또한 그는 허페즈의 시에 대한 화답으로 《서동시집》(西東詩集)을 지었고, 이 작품을 통해 허페즈의 합성어구, 비유와 상징어 등을 자신의 시에 인용하면서 동방과 서방의 연결을 시도했다. 말하자면 괴테의 번역을 통해 허페즈의 시는 유럽의 다른 언어에도 영향을 미치게 되었고, 이후 세계 문학을 가잘(소네트)이 휩쓰는 계기를 가져왔다. 괴테는 중세 페르시아의 문학을 "위대하고 엄

청난 문학"이라고 했고, "유럽문학은 탁월한 페르시아 시인들로부터 많은 도움을 받았다"라고도 말하였다. 괴테는 허페즈의 노래가 영원한 위대함을 지녔다고 찬양하고, 내저미, 몰라비(루미), 사아디 등 중세 페르시아의 대시인들을 회고하였다.

일부 이란 학자들은 중세 세계문학에서 페르시아 문학이 차지하는 비율이 절반에 이른다고 주장하는데, 그 찬란했던 중세 페르시아 문학의 최고봉에 허페즈가 우뚝 서 있다. 그의 시는 서남아시아 페르시아권 국가와 지역뿐만 아니라 터키와 아랍을 포함한 이슬람권과 유럽에서 수십 개의 언어로 번역되었다.

허페즈는 1390년 세상을 떠나기 전까지 50년 동안 500여 편의 가잘, 42편의 루바이(2행 4구시로, 4행시로 알려짐), 몇 편의 가시데(시행이 15줄을 넘어야 하고 각 행의 각운이 일치)를 남겼다. 그는 자신의 시집을 출간하지 않았으며, 그가 죽은 지 20여 년이 지난 뒤에야 처음으로 모함마드 고란담(Mohammad Golandaam)이 수집한 자료를 바탕으로 첫 시집을 편찬하였다. 사망 40주기에는 그의 어린 제자가 569편의 가잘을 수집하여 시집을 출간하기도 했다.

페르시아어가 모어인 국가와 지역에서는 허페즈의 시집이 대

부분의 가정에 비치되어 있다. 그의 시에 영적인 힘이 있다고 생각한 이란인들은 개인의 중대사를 포함한 다양한 문제를 허페즈의 시집에 의지하며, 집을 방문한 손님에게 시집을 펼쳐 점을 볼 정도로 허페즈 시집은 영성을 지닌 점서로서도 역할한다. 허페즈는 세계만방을 여행한 중세 페르시아의 대시인 사아디와 달리 전 생애를 쉬러즈에서 보냈지만 그의 시는 국외적으로 잘 알려진 또 다른 중세 페르시아 시인 오마르 카이얌의 《루바이야트》와 함께 이란에서 최고 인기를 누리는 대중적 호소력을 지녔다. 그의 시집이 이란인들 사이에서 마치 성서인 코란처럼 받아들여진다는 점도 그 특징을 잘 드러낸다. 그렇다면 이란에서 이처럼 인기가 있는 대시인 허페즈의 시가 국외에서는 왜 오마르 카이얌의 시보다도 명성을 얻지 못했을까? 허페즈의 시는 그 언어권을 넘어서면 이해가 불가능한 언어적 유희를 비롯하여 한 단어 속에 담긴 다의적인 의미와 이미지 때문이다. 허페즈의 시는 독일의 문호 괴테뿐만 아니라 17세기 스페인 시인 칼데론을 비롯해 19세기의 바이런, 20세기의 지드에게도 영향을 끼쳤다.

번역의 변

　의미나 사상보다는 시의 기법에 더 치우친 허페즈의 시를 우리말로 옮길 경우, 그 언어권에서만 맛볼 수 있는 운율을 포함한 시어적 유희가 모두 사라져 버리기 때문에 시의 기법에서 천재성을 발휘한 허페즈의 시를 번역한다는 것은 이미 수많은 난관을 자초하는 것이라고 할 수 있다. 그의 시는 하나의 단어로 다양한 의미와 이미지를 생성하지만 이를 번역할 경우 불가불 우리는 어느 하나의 의미와 방향으로 풀어낼 수밖에 없다는 점을 실토하지 않을 수 없다. 아울러 조로아스터교와 이슬람교 등 페르시아의 고대·중세의 종교용어를 한국어로 적절하게 옮길 수 없을 경우 이를 불교에서 쓰는 용어로 옮겼으며, 감성적 언어를 선택하고자 노력했다. 왜냐하면 허페즈는 한국의 철학사상에 견주어 본다면 사단보다는 칠정론에 가까운 시인이자 철학자라고 파악했기 때문이다. 우리는 평범한 한 인간이 이 세상을 살아간 삶의 궤적을 허페즈의 시에서 읽을 수 있고, 그의 시는 우리에게 삶의 지혜와 행로를 밝혀주고 있다고 본다. 허페즈는 성자로서 추앙 받고 있지만 그러한 면모보다는 금욕의 시대에 욕망의 언어를 분출한 한 인간으로서 진솔한 삶을 살았기에 그의 메시지에 더 많은 귀를 기울이며 공감하는 것이다.

1999년 한국외국어대학교 이란어과에서 외국인 교수로 재직하셨던 이란 테헤란대학교 페르시아어 문학과의 저명한 학자 모자파르 바크티야르(Mozafar Bakhtyar) 교수의 크나큰 도움에 힘입어 《신비의 혀: 페르시아 소네트》가 그나마 원문에 가깝게 번역될 수 있지 않았나 한다.

번역의 저본으로는 모함마드 가즈비니의 《허페즈 시집》을 원본으로 삼았고, 테헤란에서 출간된 영문판을 참조했다(*Divan of Hafez*, Salehe Salehpour 편, 1998).

1

그대와 맘 속 얘기를 나누고 싶고,
그대 맘 소식을 듣고 싶어라.

조심 조심… 원초적 욕망 — 몰래 새어나간 얘기도
누가 듣지 않도록 숨기고 싶네.

이처럼 점찍어 둔 운명의 밤, 귀하고 성스러운
그대와 중천까지 자고 싶네.

얼마나 설렐까, 그토록 연한 진주막,
캄캄한 밤, 뚫어보는 게 소망이라네.

아! 훈풍아, 오늘 밤 도와주려무나,
동틀 녘, 꽃망울을 피우는 게 소망이라네.

그대 존경하기에 눈썹으로,
그대 흙 길을 쓸어내는 게 소망이라네.

　　　　허페즈처럼 요구하는 혐오스런 자들 속에서
　　　　난 탕아의 시를 읊는 게 소망이라네.

2

오! 그대여, 당신 얼굴의 광채에서
튤립 꽃밭의 삶처럼 생기가 넘쳐나네.
돌아오라, 그대 장미 같은 얼굴 없인
삶의 청춘도 다 지나갔으니.

비오듯 눈물이 흐르는 것도 합법이네.
그대 향한 슬픔 속에 번개처럼,
일생이 지나가 버렸으니.

한두 순간,
언제 그대 볼 수 있는 기회나 있으려나.
우리 일이나 천착해 보구려.
인생의 일이란 드러나지 않는 법.

언제까지 아침 술(묘주・卯酒)에, 여명 속의 단잠인가.
어이! 이보게! 깨어 있게, 누릴 수 있는 나이일랑 다 지나갔네.

어제도 지나쳤건만 내겐 눈길조차 주지 않고,
무기력한 마음, 흐르는 삶에선 그 아무것도 보지 못하네.

대양 같은 해탈의 사고는 그 누구도 없고,
그대 입술의 한 점이 내 인생의 기둥이어라.

사방에서 수많은 일들이 숨어 공격하려 하고,
그런 생각에 몸을 긴장시키니
인생은 말을 타고 내달리듯 나아가네.

난 생명 없이 살아 있고, 이로써 충분하니 관심 갖지 마오

이별의 날들일랑 나잇살로 계산하지 말지니.

    허페즈! 말하라, 이 세상 지표 위에,
    이 그림, 당신 붓끝에서
    생의 선물로 남을지어다.

3

취했노니 큰 소리로 외치노라.
난 술잔에서 삶의 산들바람을 찾노라.

술 깰 때의 고통의 모습, 성직자의 준엄함은 온 데 간 데 없고,
술 찌꺼기마저 마시니,
주당의 추종자 나는 기분이 좋구려.

방황 때문에 내 이름이 회자되었네.
연인의 휘어진 눈썹,
휘어진 폴로(Polo)의 공처럼 나를 유혹하노나.

대사제인 술집 주인이 날 위해 문을 열지 않는다면,
난 어느 문을 두드릴 것인가?
어디에서 어려움을 해결할 것인가?

이 세상 잔디밭에서 날 배우지 못한 놈으로 욕하지 말지니,
배운 대로 난 자라날 것이리니.

수피 사원과 홍등가의 중간쯤으로 날 쳐다보지 말고,
하나님이 어디 계시든 날 굽어보시니,
나도 신과 함께 있으리다.

흙 길을 찾는 것은 즐거움의 연금술.
난 사향 풍기는 흙 길의 그 행복한 종.

잘 빠진 자태, 취한 수선화 같은 눈의 열정에서,
튤립처럼 떨어진 난, 술잔과 더불어 냇가에 있네.

술 가져와라, 허페즈의 칙령으로
순수 의식에서,
위선의 먼지를 술잔의 은혜로 씻어 내리리다.

4

부인! 아침이니 묘주(卯酒) 한 잔 채워 주오
하늘의 순환은 늦는 법이 없으니 서둘러 주오

이 덧없는 세상 몰락하기 전에,
불그스레한 포도주 잔으로 우리를 망가트리구려.

동방에서 술잔, 포도주의 태양이 떠올랐으니,
그대, 즐거움을 찾으려면 잠을 줄여야겠소

어느 날, 우리네 진흙으로 하늘이 주전자를 만드사,
조심하구려, 우리네 해골이 포도주로 가득 찰 터이니.

우린 고행, 회개, 실없는 소리일랑 하지 않는다오
우리에게 순수의 술잔으로 말해 주오

허페즈! 술을 숭배함이 선행이니,
일어나 선행을 향해 결심을 굳혀 보구려.

5

사제들의 홍등가에서 신의 빛을 보는도다.
자! 보오, 이 경탄, 이 빛, 그런데 난 어디에서 볼 것인지.

내게 위엄을 과시 말게,
오! 순례의 왕, 왜냐고, 당신은
집을 보지만 난 집주인, 신을 보기 때문이지.

예쁜 미녀들 머리타래에 사향을 바르고 싶네만,
불가능한, 참으로 잘못된 생각임을 알아차렸네.

불타는 마음, 흐르는 눈물, 밤의 울부짖음과 신새벽 한숨.
이 모든 것 당신의 은혜에서 말미암은 것, 난 알고 있네.

매 순간,

상상 속 그림을 당신의 얼굴에서, 머릿속 궁리로나마.

누구와 얘기할까, 이 화폭에 무엇을 그릴 것인가.

누구도 코탄(Khotan) [1]과 중국의 사향을 맡지 못했으니,

신새벽에 난 미풍의 향내를 느끼네.

친구여! 美를 응시하고 싶은

허페즈의 결함을 드러내지 말지어다.

난 허페즈를 신의 추종자로 알고 있나니.

---

[1] 중국 신장성에서 페르시아어를 사용하는 지역인 카쉬카르와 함께 東투르키스탄의 대표적 도시로 무슬림들에게 잘 알려져 있다.

6

연인을 보는 일도, 키스도, 포옹도 이제 가능해졌나니,
이런 기회에 감사하며, 새 시대에도 감사함을 전하노라.

성직자여! 떠나라, 점괘는 나의 점괘이니,
술잔도, 연인의 머리타래도 모두 내 손안에 있다.

우린 누가 술에 취하는지,
탕아 짓을 하는지 괘념치 않네.
미녀들의 입술은 달콤하며, 술맛도 달콤하니.

오! 마음이여,
당신에게 의금부가 사라졌다는 기쁜 소식을 알렸으니,
세상은 술로 가득 차고 미녀는 술을 나눠주네.

마음을 집중하지 못함도 지적(知的)이지 못하네,
평온함을 구하려니 술병을 가져오렴.

비천함을 인내하는 흙 인간에게
입술 같은 술 한 모금, 사랑을 퍼부으니,
나의 흙은 보석이 되고 사향이 되리다.

그 시대는 갔네, 음흉한 눈으로 숨어 주시하던,
중간에 버텼던 적도 사라졌고, 그 곁에 있었던 눈물도 없네.

우주 만물은 그대의 키스로부터 살아나네.
오! 태양이여, 그대의 그늘이 날 지켜주지 못하므로

튤립과 장미의 촉촉함은 그대 아름다움의 은혜 때문이니,
오! 은혜의 구름이여, 내게 흙이라도 뿌려주오

    허페즈는 그대 머리타래에 묶인 채
    신을 경외하고,
    권위 있는 재상의 정의도 두려워한다오

7

헝클어진 머리카락, 땀 흐르고,
살포시 웃지만 취해 있었네.
찢겨진 옷, 술병 손에 들고 노래 부르네.

취한 듯한 눈은 싸움을 걸며, 입술은 비탄에 잠기네.
한밤중, 지난밤 내 베개맡에 와 앉았네.

내 귓가에 머리 대고 가녀린 목소리로
말하길, "오! 고통 속의 연인이여! 잠은 당신의 것이네."

밤을 지키는, 그런 술을 주는 도인은,
술을 숭상하지 않는다면 사랑의 배반자니.

떠나라, 오! 수도자,

술 찌꺼기까지 마시는 주당의 흠을 잡지 말지니,
신은 창조 때부터 술 이외의 선물일랑 주지 않았네.

신이 술잔에 따르는 것을 우리가 마셨도다.
천국의 술이든 취하는 술이든.

    보라, 술잔의 찰랑거림과
    연인의 곱게 땋은 머리를.
    오! 수없는 회개,
    허페즈의 회개는 쉬이 무너져 내리는도다.

8

오라, 우리 존재의 배를 포도주 江에 띄우자.
큰 스승과 젊은이의 영혼을 향해 기쁨의 함성을 내지르자.

오! 부인, 나를 술의 배로 던져라.
선한 일하고, 응보일랑 물로 던져버려라.

술집 골목길, 잘못된 길에서 난 돌아왔도다.
덕의 길과 관용 속에 다시 나를 던져라.

갖고 오렴, 장미색 사향내 나는 술 한 잔.
질투와 시샘의 불길을 장미의 마음속으로 던져 버려라.

내가 몸을 가누지 못할지언정 그대 미덕을 베풀라.
휘청대며 방황하는 이 마음에 눈길 한번 던져주구려.

한밤중 그대에게 태양이 필요하다면,
'포도나무 딸'의 장미 같은 얼굴,
그 베일을 벗어 던져라.

내 장례일 나를 땅에 묻지 말고,
술집에 데려가 술독에 빠뜨려라.

   허페즈여! 하늘의 무자비함으로
   너의 마음이 참을 수 없거든,
   재앙의 악신을 향해 별똥별의 창날을 던져라.

9

일어나 금박 잔에 '기분을 돋우는 물'(술)을 부어라.
해골바가지가 흙이 되기 전까지.

끝내 우리의 집은 침묵하는 자들의 무덤일지니,
지금 하늘 같은 사원의 천장에 환호성을 질러라.

욕정 담긴 눈길, 연인의 얼굴과는 멀다.
그녀 얼굴에 순수의 거울에서 솟은 시선을 던져라.

오! 실삼나무 연인아! 당신의 파릇파릇한 머리로,
내 죽어 흙이 된다면,
그대 머릿속 경멸을 내려놓고
내 무덤의 그늘이 되어 주오

당신의 독사 같은 곱슬머리로 내 마음 부서지니,
그대 입술에서 약방의 해독제를 떨어뜨려라.

땅 일구며 사는 이 나라가 영원하지 않다는 걸
당신은 알고 있겠지.
간을 후벼파는 술잔의 불(술)을 이 나라에 던지리다.

난 눈물로 몸을 씻는다고 도인(道人)들에게 말하노니,
"우선 깨끗이 하라, 그리고 그 순수에 시선을 놓아 두라."

신이시여, 단점 말고는 볼 것 없는 이기적인 성직자,
그의 인식의 거울에 긴 한숨을 불어넣는다.

허페즈여! 장미 같은
그녀의 향기로 인해 옷이 터져 버릴 테니,
민첩하게 그 옷을 벗어 던져라.

10

단식 끝나고 축제일 다가오니 마음이 들뜨는구려.
양조장에선 술 끓어오르니 어찌 술을 원치 않을쏘냐.

설교를 팔아먹는 귀하신 몸의 시대는 끝났도다.
탕아들의 즐거움의 시간이 돌아왔도다.

왜 술 한잔 마시는 이를 비난하는가?
우둔하다, 잘못이다, 그 누가 어찌 말할 수 있나.

술을 마심은 뻔뻔함도 속임수도 아니니,
뻔뻔하게 속이고 설교를 팔아먹는 자보다 나을지니.

우리는 남을 속이는 탕아도, 이중적인 친구도 아니니,
신은 마음의 비밀을 알고 있고

그 상태를 증명해 보이네.

신의 명령을 수행하며, 남에게 해를 끼치지 않겠도다.
그들이 무엇을 말하든 합법이 아니고,
나도 합법하다고 말하지 않네.

나와 네가 술 몇 잔 기울인들 무슨 허물이 있을쏘냐.
술은 포도나무 피이지 네 피가 아닐지니.

   이 무슨 잘못인가,
   무슨 큰 일이 벌어진단 말인가,
   허물은 무슨 허물인가,
   허물없는 인간이 어디 있더냐?

11

내 마음은 흥을 돋우는 집시 소녀처럼 황홀해지네.
거짓 약속, 본성의 살해자, 색계(色界)가 뒤섞여서.

달덩이 같은 연인, 살짝 벗은 옷으로 헌신함은,
금욕과 절제의 수피 천 벌 옷보다 낫도다.

그대의 아름다운 향수 점치기의 환상을
무덤까지 가져가리다.
당신의 점으로 내 무덤은 향수를 섞어 놓은 듯할지리니.

천사는 사랑이 무엇인지 모르네. 오! 부인,
술잔을 받고 싶소, 장미수와 술을 아담의 무덤에 뿌려 주오

나의 관에 술잔을 함께 묶어,

최후의 심판의 날 아침, 동트는 곳에,
두려움에 떠는 최후의 심판의 바로 그날,
내 마음으로부터 술을 가져가리니.

나 당신 면전에 헐벗고 지쳐 왔으니 자비를 베풀라.
난 그대의 미덕 외엔 그 어떤 손목도 필요 없나니.

오라! 지난밤 술집에서 내게 웬 목소리가 말하길,
"신의 뜻에 순종해 있거라,
운명으로부터 도망치지 말고"

      사랑하는 이와 사랑 받는 이 사이에
      그 어떤 간극도 없으니,
      허페즈여! 네 스스로 자신의 베일이 있으니
      벗어 던져라.

12

나를 파멸에 이르지 않게,
그대 머리타래를 바람에 맡기지 말지니.
내 존재를 망가트리는 아양의 토대를 짓지 말지니.

내 간의 피를 마시지 않도록, 그대
다른 이들과 술 마시지 말라.
내 외침이 하늘에 못 이르게 하고자
얼굴 돌려 내게 무관심하지 말라.

내가 홀리지 않도록 머리를 말아 올리지 말 것이며,
내가 파멸에 이르지 않도록 얼굴에 물광을 내지도 말지니.

그대 스스로 자제하지 못할 때
모르는 연인에게도 가지 말지니,

내가 슬퍼하지 않도록
다른 연인을 슬프게 하지 말지니.

그대 얼굴을 밝게 펴서 꽃이 필요치 않게 하고,
늘씬한 자태를 보여주어, 삼나무가 필요 없게 하소서.

어느 모임에서든 그대 양초가 되지 말지니. 왜냐면,
그대 내 속을 태울 것이기에.
나 잊지 않게끔 그대 누구도 기억하지 말지니.

내 미쳐 산 속에서 살지 않도록
도시에서 美의 명성을 얻지 말며,
그대 나를 파르허드로 만들지 말고,
쉬린의 열정을 보이지도 말라. [1]

가난한 자, 내게 자비 베풀어, 내 외침에
귀 기울여 주오
대재상, 어세프의 영토에까지 내 외침이 이르지 않도록.

허페즈, 그대 배신에
나 결코 얼굴 돌리지 않을 것이며,
그대 날 칭칭 동여맸다고 할 그날부터
나 자유로우리니.

---

1 연인 관계였던 파르허드와 쉬린 사이에 코스로王이 끼어든다. 코스로왕은 파르허드에게 산의 돌을 깎는 일을 명하였고, 파르허드는 산을 향해 올라간다. 이 작품은 사랑을 주제로 한 가장 인기 있는 영웅담이며, 사랑에 필요한 희생과 믿음을 교훈으로 던진다.

13

인형극을 즐기는 듯, 내 고귀하고 요염한 여인,
내 긴 금욕의 이야기를 끊어주렴.

오! 마음이여,
당신은 노년의 마지막에 금욕과 학문을 보았네.
그럼 내 연인의 눈은 나와 무엇을 했을까?

난 말했네.
"위선의 옷으로 사랑의 자취를 감추었노라."
밀고자는 바로 눈물, 이내 내 비밀이 드러났네.

친구는 취했고, 원수는 기억하지 못하네.
선(善)을 향한 그의 말씀,
부인이 나의 비참함을 쓰다듬어 주노라.

오! 신이시여, 언제나 훈풍이 불어오나이까, 향기롭고
자비로운 그대의 향수, 내 일을 행하는 자가 되시리니.

나 울면서 물 위에 그림 그리네. 지금,
그 진실이 얼마나 오랫동안 상상 속에 떠오를까?

난 신념이 파괴됨을 두려워하네. 모든 것을 빼앗는,
'아치형 문' [2] 같은 그대의 눈썹이 내 기도의 실체.

웃고 있는 촛불처럼 나 홀로 우네.
오! 목석 같은 마음, 그대와 함께 내 스스로

---

[2] 이슬람 사원(마스지드)의 입구 맞은편에는 메흐랍(Mehrab)이 위치하는데, 이곳은 성직자가 메카를 향해 기도를 올리는 제단이다. 메흐랍은 반원형의 아치형 형태를 띠며 윗부분은 돔형 천장으로 되어 있다.

나 불태우는 것을 볼 때까지 우네.

성직자여! 만사는 그대 기도에 따라 진행되지 않네.
밤의 취기나 나의 묵상기도로도
성취되지 않을지니.

        허페즈는 슬픔으로 불타고 있네,
        오! 훈풍이여! 이를 왕께 일러라.
        내 친구를 귀히 여기고,
        적을 쳐부수는 자, 바로 그에게.

14

사랑의 열병을 앓았으니, 묻지 마라.
이별의 독을 맛보았으니, 묻지 마라.

세상을 돌아 다녔으며 마침내,
난 연인을 선택했으니, 묻지 마라.

그렇게 그녀 문간의 흙을 보고 싶은 맘에,
내 눈물이 흐르니, 묻지 마라.

난 어제 그녀의 입이 내 귀에 속삭인,
얘기를 들었으니, 묻지 마라.

그대는 왜 나를 향해 입술을 깨물고, 왜 말하지 않았느냐,
내 그대 붉은 입술을 깨물었으니, 더 이상 묻지 마라.

나 자신 가난한 생활의 오두막에서 당신 없이
고통을 겪었으니, 묻지 마라.

　　　　　난 사랑의 길목에서 허페즈처럼 홀로이며,
　　　　　어떤 경지에 올랐으니, 묻지 마라.

15

그녀의 검은 머리타래에 불만 있으니
그렇게 많이 묻지 마라.
그녀 때문에 생활이 엉망 되었으니, 묻지 마라.

누구든 연인과 신실함을 얻기 위해
마음과 종교를 버리지 않았건만,
난 그런 탓에 후회하니, 묻지 마라.

술 한 잔에 남을 괴롭히지 말며,
술 마신다고 욕하는 무지한 인간 탓에 고통 겪으니,
묻지 마라.

성직자여! 평안히 우리 곁을 떠나라.
붉은 포도주를 위해.

그런 식으로 마음과 종교를 앗아 갔으니,
묻지 마라.

이 길에서 그 얘기가 마음을 녹이네.
'이것을 보지 말라', '저것을 묻지 말라'면서,
만인이 서로 다투네.

내 욕망은 깊은 신앙심과 건강이었건만,
저 매혹적인 눈이 교태를 부리니,
묻지 마라.

새파랗게 질린 내 안색, 둥근 하늘에 물었더니,
"안 좋은 상태는 참을 수 있으나 심히 꼬인 속내이니,
묻지 마오"

난 그녀에게 "당신은 앙심을 품고
그 머리타래를 헝클어트렸네."
그녀 대답하길, "허페즈여! 그건 긴 얘기인즉,
코란에게도 묻지 마라."

16

오라, 난 장미꽃을 뿌리고자 술을 잔에 따르며,
난 새로운 시대를 꾸미고자
하늘의 지붕을 찢으려 하네.

군대 몰려오는 듯한 슬픔의 공격으로
사랑하는 이가 피 흘린다면,
나와 부인이 힘 합쳐 떠밀려오는 슬픔을 걷어냅시다.

나, 자줏빛 포도주 잔에 장미수를 부으며,
향을 퍼트리는 산들바람, 그 향로에
설탕을 뿌려 오래 오래 향을 간직합니다.

악사여! 손에 들은 비파를 켜서 노래 한 곡 불러 주오
우리는 손으로 춤추고, 소네트를 읊고,

무용수들에게 눈길을 준다.

산들바람아! 연인의 고귀한 영역까지
내 존재의 흙을 불어다오
아름다운 이들을 응시하는 왕의 조망대에서
나도 눈길을 던졌노라.

어떤 이는 이성을 자랑하고, 어떤 이는 감성을 떠벌리니,
판관 앞에 가서 그 논의들을 맡겨 봅시다.

에덴의 낙원을 원하는가, 오라! 나와 함께 가자, 술집으로
술독에 빠진 그대를 바로 천국의 연못으로 인도하리니.

쉬러즈에선
시인과 음악가의 가치를 알지 못하니,
오라! 허페즈여, 다른 나라로 옮겨가세.

17

덕행은 어디 있나, 나는 어디에서 비틀거리는가?
도(道)의 차이, 극과 극의 차이로다.

수도원과 수피들의 장삼이 도리어 내 맘을 어지럽히니,
큰스님은 어디 있나. 그립구나! 순수의 술.

탕아에게 덕과 금욕은 무슨 관계일까?
지긋지긋한 설교, 차라리 거문고 가락이 나을 듯.

원수의 마음에 친구의 얼굴을 하고 무엇을 얻을 것이며,
피는 양초와 사그라지는 호롱불을 어찌 구분할까?

눈썹을 덧칠하고 그대 문간의 흙이라도 볼까.
어디로 갈거나, 명하시오, 정작 갈 데 없으니.

길가의 움푹 파인 홈, 사과꼭지 같은 연인의 보조개에 빠질라.
오! 마음, 어디 그리 황급히 가느냐.

만남의 시간, 황홀했던 기억은 가고,
살랑거리는 추파, 치켜뜬 그 눈마저 그리워지네.

    오! 친구여, 허페즈에게
    휴식과 잠을 바라지 말지니,
    휴식은 무엇이고, 인내는 무엇인가.
    잠은 어디에 있나.

18

쉬러즈의 그 황색 피부[1] 여인 내 마음을 사로잡는다면,
그녀의 검은 점 하나에 사마르칸드, 보카라[2]를 주리라.

부인, 천국에서도 못 얻을 영원의 술 한 잔 주오
로크나바드[3]의 개울가, 모쌀라[4]의 정원에서.

아아, 집시 광대들의 교태는 도시를 쑥대밭으로,

---

[1] 황색 피부는 '투르크'를 옮긴 단어로, 흔히 알타이계 제족(諸族)을 의미하는 것으로 알려져 있다. 그러나 페르시아어 문헌에는 투르크족은 아시아 아리안과 몽골로이드의 혼종으로 언급되어 있다.
[2] 중앙아시아 페르시아 문화의 중심지로서 우즈베키스탄에 위치한다. 보카라는 페르시아 사만 왕조(874~999)의 수도, 사마르칸드는 페르시아 티무르 왕조(1370~1500)의 수도였다.
[3] 허페즈가 태어난 곳으로 이란 남부 쉬러즈 근처의 깨끗한 작은 개울을 말한다. 지금은 그 흔적을 찾아보기 어렵다.
[4] 모쌀라는 시인이 빈번하게 칭송한 곳으로, 그가 묻힌 곳이다.

황색인들이 밥상을 싹 쓸어가듯 마음을 훔쳐간다. 5

연인의 美도, 온전하지 않은 우리 사랑엔
더 이상 필요 없네.
피부, 점, 얼굴의 선, 이밖에 미인에게 뭐가 더 필요하리.

난 유소프(요셉)의 美가 나날이 더함을 알고 있고,
유소프를 향한 줄레이카의 사랑이 6
정숙의 커튼을 열어제친다.

당신이 저주를 퍼붓는다 해도 난 기도하리.

---

5 투르크족이 아시아 전역을 황폐화한 것에 대한 비유이다.
6 유소프와 줄레이카의 이루지 못한 사랑을 주제로 한 작품으로, 무슬림들에게는 코란보다 더 친근한 이야기로 알려졌다. 이슬람권 국가에서 유소프는 남성미를 상징한다.

그 저주스런 대답도 설탕을 씹는 핑크색 입술이어라.

연인아, 내 영혼보다도 그대 더욱 사랑하오
충고를 들어보구려,
행복한 젊은이들은 나이 든 현자의 교훈을.

악사와 술을 화두 삼아, 존재의 비밀을 캐지 말며,
누구도 인생의 비밀, 철학을 말한 이 없으니.

   시를 읊었더냐, 진주를 꿰었더냐, 허페즈여!
   그대의 시, 하늘의 별 목걸이를 쏟아 붓는다.

19

사랑놀이, 젊음, 루비색 술,
친교의 잔치, 함께한 단짝, 연이은 술.

부인은 설탕 같은 입, 달콤한 언어의 악사,
술친구란 멋스러운 행동으로 법 없이 사는 사람.

情과 순수함의 연인은 삶의 물 같은 부러움을,
아름답고 선한 여자는 보름달의 시샘을 받네.

고결한 천국의 궁전같이 마음에 드는 연회,
평화스런 저택의 정원같이 그 주변은 장미원이로다.

방 둘레에 앉은 이들은 다른 이의 행복을 빌며,
시중드는 이들도 예의를 갖추고,

친구들은 동행한 이들의 성공을 위해 비밀을 지켜주고

장밋빛 술은 시큼한 게 가볍고 맛이 좋고,
장밋빛 사탕은 연인의 입술 같고,
장밋빛 애기는 다듬지 않은 루비.

눈썹의 칼로 이성을 앗아가는 부인의 추파,
연인의 머리타래는 넓게 덫을 놓아 마음을 사냥해 가네.

달콤한 애기, 허페즈처럼 농담을 던지며 정묘함을 아는 자,
허지 가범 재상처럼 세상을 밝히는 관대한 인물.

      이 즐거움을 원치 않는 자는
      마음의 행복도 없나니,

이러한 만남을 쫓지 않는 자는 삶도
불법이려니.

20

널리 말하노니, 난 나 자신의 말에 행복하다.
난 사랑의 노예, 두 세상으로부터 자유롭다.

난 성스러운 정원의 새,
내가 헤어진 걸 어찌 설명한단 말인가,
현세의 재앙의 덫에, 내 어찌 떨어진단 말인가?

난 천사, 천당이 나의 집이었다.
아담이 나를 이 세상의 집, 홍등가로 데려왔나니.

천당의 나무 그늘, 천사들의 어루만짐, 연못가.
당신의 골목 골목에 대한 열망으로,
천당에 대한 내 기억을 사라지게 하라.

내 마음의 금속판에 푹 빠진 연인밖에 없다.
난 어찌 하나?
내 스승은 이 판에 쓴 것밖에 가르친 적 없으니.

어떤 점술사도 내 행운의 별을 알지 못했으니,
신이시여! 대지 같은 어머니 품에서
난 어떤 운명으로 태어났나이까!

사랑의 술집에서 노예가 복종하듯,
나의 귀에 고리가 끼워질 때까지,
매 순간 새로운 슬픔이 날 '축하'하러 몰려드네.

눈의 동공이 내 마음의 피를 마시노라.
내가 연인과 사랑에 빠졌기 때문.

허페즈의 얼굴에서 그대 머리타래로 흐르는
눈물을 닦아주렴.
그렇지 않으면 시시각각 홍수되어
나의 토대를 무너뜨릴 것이니.

21

어젯밤, 홍수 같은 눈물 흘리며 꿈길을 달려갔네.
당신에 대한 아름다운 기억으로 물 위에 그림 그렸네.

연인의 눈썹, 태워버린 승복이 생각나고,
홍예문 같은 그대 눈썹 각에 대한 기억을 술잔 속에서 본다.

새 같은 모든 사유가 즐거움의 나뭇가지에서 날아가고,
다시금 그대 머리타래의 올가미,
난 그 채 안에 빨려들었네.

연인의 얼굴이 내 시야에 들어왔네.
멀리서 달덩이 같은 얼굴에 입맞춤했네.

내 눈은 부인의 얼굴을, 내 귀는 아쟁의 소리를,

눈과 귀로 이 문제를 점쳐 보았네.

동틀 녘까지 그대 얼굴에 대한 기억 속 그림을,
잠들지 않은 눈을 뜨고 화실에서 그렸네.

부인은 이 소네트 가락에 사발을 받쳐 들었네.
이 시를 읊으며 난 순수의 술을 마셨네.

        허페즈의 시대는 즐거웠노라,
        성공과 소망의 점을 치며,
        친구들의 장수와 행운을 기원해 본다.

22

그녀 머리타래로 내 일에 매듭이 생길지언정,
그녀의 아량으로 어려움을 풀 것으로 여기네.

술잔처럼 내 붉은 얼굴 때문에 즐겁다네.
마음의 피가 반영되어 얼굴 밖으로 비친 것이네.

연주자의 멜로디가 내 정신을 잃게 했네.
오호라! 나를 이 막으로
들어가지 못하게 하는도다.

나는 온 밤, 마음의 금지구역 수호자가 되어,
이 막에 그녀 생각 외에는
들어가지 못하게 하리니.

나는 마술사 시인, 말로 마법을 행하여,
갈대 펜에서 온갖 사탕과 설탕이 쏟아지네.

행운의 눈은 그녀의 이야기 때문에 꿈속으로 빠져들었고,
자비의 산들바람은 어디서 날 깨우는 걸까?

오! 연인, 당신을 길에서 볼 수 없으니,
내 연인과 한 말을 나는 다른 누군가와 말하는구려.

> 지난밤, 그녀는 계속해서 말했지.
> "허페즈는 겉과 속이 다르다."
> "난 그녀의 문간 흙 말고
> 어느 누구와도 교류 없어라."

23

연인이 나를 칼로 죽인다 해도 그 손을 막지 않으리니.
활이 나를 조준한다 해도 은혜를 받아들이리니.

말해라, "그대 눈썹 같은 활이 나를 향해 쏜다고"
"그대 손과 팔의 힘 앞에서 난 죽을 지경이니."

세상의 슬픔이 나를 무릎 꿇게 한다 해도,
술잔을 제외하곤 누가 나를 잡아줄까?

오! 희망의 아침, 태양아! 떠올라라.
왜냐고, 이별의 밤 손아귀에, 난 갇혀있나니.

오! 화류계의 대사제여! 내 불평 들어보오
한 잔 술이 늙은 나를 젊게 하나니.

지난밤, 그대 머리카락에 맹세했나니,
내 머리를 그대 발밑에 두지 않으려네.

      금욕적인 그대의 수피 장삼
      태워버려라, 허페즈여!
      내가 불이 된들
      그 승복으로 옮겨 붙지는 않으리니.

24

그대와 결합한다는 희소식은 어디에.
생명의 소망에서 난 일어날까?
난 성스러운 새, 세상의 올가미에서 벗어나리.

맹세코, 그대와의 사랑에서 날 노예로 여긴다면,
온 세계의 왕이 된다는 소망도 그만두리다.

신이시여, 구름을 인도하여 비 내려주시고,
그 사이, 난 이내 먼지처럼 일어나리다.

내 무덤에 술과 악사와 함께 앉아,
나, 홍에 겨워 춤추며 무덤에서 일어나리라.

움직임이 예쁜 나의 우상, 일어나 모습을 보여 주오

허페즈와 함께 생명과 세상의 소망으로부터
손 뻗쳐 일어나리니.

내 비록 늙었지만 하룻밤 나를 힘껏 끌어안아 주오
신새벽에 그대 곁에서 청년으로 회춘하리다.

      내 죽을 때 한순간
      그대 볼 수 있는 기회를 주오
      허페즈와 함께 생명과 세상의 소망으로부터
      편하게 떠나가리니.

25

난 예쁜 얼굴과 매력적인 머리카락의 친구.
취한 듯한 눈과 순수의 술에 빠져.

우주창조의 신비에 대해 그대가 물은바, 한마디하리니
두어 잔 술 마시고 그대에게 말하리다.

난 천국의 아담이나 이 땅에 와,
이제 젊은이들과 사랑에 빠졌으니.

사랑하는 자 될 때, 열망과 고통에서 벗어날 길 없네.
난 양초처럼 서 있으니 나를 불로 위협하지 말게나.

쉬러즈는 붉은 입술의 광산 같은 아름다운 도시,
나는 파산한 보석상. 이로 인해 고달프다.

이 도시에서 수없이 취한 눈을 만났으니,
신이시여! 더 이상 술을 마시지 않아도 즐겁나이다.

이 도시의 사대문에는 천사들의 교태가 넘쳐나고,
난 아무것도 없네. 그렇지 않았다면
사대문의 모든 천사들이 내 단골이었을 텐데.

행운이 찾아온다면 연인의 곁으로 여행 가서,
여행용 깔개 잠자리인 천사의 머리타래에 묻은 먼지를
털어 내리라.

        허페즈! 난 나의 신부 같은 성정을
        드러내고 싶네.
        한숨으로 닦아낼 거울을
        난 갖고 있지 않네.

26

붉은 장미는 꽃망울 터뜨리고, 밤꾀꼬리는
그 내음에 취해 버렸으니,
오! 술을 숭배하는 수피들아, 환희 속으로 초대하도다.

돌처럼 단단하게 보였던 회개의 밑동,
보라, 유리잔이 얼마나 쉽게 깨지는지를.

술 가져오렴. 뚝 떨어진 왕궁에서,
목자(牧者)든 군주든,
술에 취해 있든 정신이 말짱하든.

잠시 머무를 곳, 두 짝 문의 여인숙은
길 떠나기 위해 필요하네.
그대의 처소가 고관의 대문이든 반월형 문이든,

비천하든 고귀하든 생은 영원하지 않네.

즐거움의 경지, 고통 없인 도달하지 못하니.
그렇소 신이 내린 재앙의 계명으로
태초의 날은 성립되었네.

있고 없음에 속으로 괴로워 말고 즐거이 보낼진대.
존재하는 모든 완전함도 무릇 공(空)이기에.

재상이 되는 영화(榮華), 바람같이 날쌘 말과 새 이야기,
재상이 가진 모든 것 사라지고 그들로부터
그 어떤 이득도 얻지 못했네.

날개와 깃털로 길(道)에서 날아가지 말라.

화살도 잠시 공중으로 올라가나 이내 땅으로 떨어지네.

허페즈! 당신 갈대 붓의 언어에 대해
얼마나 감사해야 할까,
당신 얘기는 입에서 입을 통해
꼬리를 물고 전해지네.

27

내 눈에서 바다를 이루고, 참을성을 사막에 던지고,
이 일로 생긴 내 마음을 바다 속에 던지네.

죄과(罪過)로 쪼그라든 마음으로부터 한숨이 터져 나오고,
내 한숨 같은 불은 아담과 하와의 죄를 태우네.

기쁜 마음의 근원은 연인이 그곳에 있음이니,
스스로 그곳으로 갈 수 있도록 노력하리니.

오! 달덩이와 모자 같은 높은 지위의 태양이시여,
옷의 매듭을 푸소서.
그대 발끝까지 닿은 긴 머리타래처럼,
그대 발에 내 뜨거운 사랑의 머리를 던지려니.

내 하늘의 화살도 참았으니, 술 주오 취할 때까지
오리온 좌의 화살통, 허리띠의 매듭을 풀어 제칠 테니.

'이 움직이는 땅' 1에 남은 술과 찌꺼기를 쏟으며,
짙푸른 하늘에 아쟁의 울림을 쏟아 붓네.

오, 허페즈여! 시대에 의지함은
잘못이고 실수이니,
왜 오늘의 즐거움을 내일로 미루더냐.

---

1 '지구'를 말함. 14세기에 생애를 보낸 허페즈는 당시 '지구는 움직인다'는 사실을 알고 있었다. 17세기 초에 갈릴레이(1564~1642)가 지동설을 주장한 데 비하면 2백여 년이나 앞선 것이다.

28

나, 장미의 계절에 술 끊는 것을
주님께서 금지하셨거늘.
난 이성을 자랑하거늘, 어찌 이 일이 가능할까?

금욕과 지식 얻는 것을 포기했으니 악사는 어디 있나?
나는 아쟁과 하프와 피리 소리에 묻혀 있네.

학문과 토론에 지쳐 지금 마음이 피곤하니,
얼마간 연인 앞에 가서 술 한잔 먹고 싶네.

언제 신실한 시대가 있었더냐. 술 가져오렴.
신화 속 왕의 영광의 시대를 그대와 나누고 싶네.

최후 심판의 날, 검은 죄의 명부에 두려워하지 않으리니,

주님 은혜의 관대함에 백 통의 명부도 뛰어넘으리니.

어디 있느냐, 아침의 파발꾼? 이별하는 밤의 불평까지도,
그런 것들에 행복한 점괘와 즈려밟은 나의 발에 축복을.

       이 빌려준 생,
       주님이 허페즈에게 맡겨 놓은 것,
       어느 날 난 그의 얼굴 보며 복종하리니.

29

피에 목마른 듯 반짝이는 루비는
내 연인의 입술이오.
연인을 보고자 함에 내 영혼을 바치네.

검게 칠한 눈과 말아 올린 속눈썹으로 부끄러워할 텐데.
그녀의 연인이 되고자 하는 이 그 누구라도
내 비난을 받으리.

대상(隊商)이여! 그 문까지 내 짐을 갖고 가지 마라.
그 골목어귀는,
비단길 내 연인의 처소가 있기 때문.

난 내 운명의 노예, 연인의 신실함이 부족하기에.
술 취한 집시 연인과의 사랑은 엽전으로 살 수 있겠지만.

장미향과 피마자 머릿기름 뿌려지니,
향유상의 향긋한 내음도 연인의 향내에는 못 미치네.

정원사여! 날 바람처럼 쫓아내지 마오
그대 장미원에 석류 같은 피눈물 쏟네.

장미수와 설탕시럽이 내 연인의 입술에서 명령하네.
감은 듯 뜬 듯한 그녀의 눈, 한의사가 내 마음의 병을 고치는 셈이네.

   소네트를 치장하는 오묘함
   허페즈에게 배웠노라,
   달콤한 연인, 반짝이는 언어,
   나의 말이 되었네.

30

지금 난 그 생각으로 시간을 쓰는 방법을 보네.
술집으로 짐 챙겨와 즐거이 지내도다.

난 술잔을 쥐고 위선자들과 멀리하리니,
세상 사람들 중 깨끗한 이를 선택하리.

술잔과 책 이외엔 친구라곤 없네.
친구인 체 위선 떠는 인간일랑 세상에서 조금만 보고 싶네.

사람들 가운데 자유로움으로
실삼나무처럼 우뚝 솟아나리니,
가능하다면 세상의 물질에서도 벗어나리니.

때 묻은 수피 장삼이 미덕을 떠벌리는 데 질렸고,

부인의 얼굴빛과 포도주 빛을 보니 심히 부끄럽네.

내 답답한 가슴과 슬픔의 짐, 아뿔싸!
내 타들어 간 마음은
이 무거운 짐을 감당할 사람이 아니도다.

나 홍등가의 탕아라면, 혹은 도시의 대사제라면,
난 당신이 보고 있는 그런 물건이며,
그것보다 덜 할 수도 있나니.

난 그 시대, 아세프 재상의 종. 시달린 나의 마음,
자제할 수 없나니.
내 하늘 향해 한숨 쉰다면 신은 내게 복수할지니.

내 마음속에 폭압의 티끌 있으며,
오! 신이시여, 원치 마소서.
나의 믿음인 태양[1] 같은 거울도
투명하지 않을지니.

---

[1] 허페즈가 미트라(태양)교 - 조로아스터교 - 불교로 이어지는 페르시아의 고대 신앙체계에 의지했음을 직접적으로 보여주는 대목이다. 미트라교는 태양(빛의 신)을 숭배하는 종교로서 미트라가 제물로 바치기 위해 들소를 희생시키는 그림은 이 종교와 관련해 흔히 볼 수 있는 장면이다. 미트라교는 기원전 15세기 페르시아에서 발생한 고대 종교로, 이란 중부의 케르만에 가장 오래된 사원이 있다.

31

연인이 소식을 보내지 않은 지 꽤 되었다네.
편지도 보내지 않고, 인사도 없다네.

숱한 편지를 띄웠으나 고귀한 왕은
파발꾼을 띄우지 않고, 인사도 건네지 않는다네.

이성을 잃은 듯, 내게는 야수 같으니,
사슴과 자고새의 걸음걸이도 아니라네.

새같이 날아가려는 맘 품고 있다는 걸 알고 있었다네.
땋은 머리채로 만든 쇠사슬의 올가미도 보내지 않았다네.

술 취한 부인의 달콤한 입술과 투덜거림,
난 숙취로 힘들었기에 술잔을 보내지 않는다는 걸

알고 있었다네.

내가 도인의 기적과 정신적인 면을 그렇게 칭찬했건만,
기적에 관한 그 어떤 소식도 내게 보내지 않았다네.

    허페즈여! 연인에게 항의하지 말고
    예의를 지킬지니,
    왕의 친서는 노예에게 보내지 않나니.

32

내 아픔은 연인에서 비롯되고, 치료 또한 그러하네.
마음은 그녀를 위한 희생이고, 생명 또한 그러하네.

그들은 말하네. "그 무언가는 아름다움보다 낫다."
"내 연인은 이것도 가졌고, 그 무언가도 있네."

기억할지니, 그녀는 나를 죽일 작정이네.
약속을 깨고, 맹세 또한 깨고

친구들! 지금 난 비밀리에 말하지만,
언젠가는 큰 소리로 말하리니.

연인과 결합한 행운의 밤도 끝나가며,
이별의 시대도 끝이 나고

이 두 세상은 연인 얼굴빛의 반영이니,
난 그대에게 말과 마음으로 말했네.

세상일에 신뢰감이 없나니,
회전하는 하늘에서도 그러하네.

사랑하는 이는 판관을 두려워하지 않으니, 술 가져오렴.
왕의 처벌도 두려워하지 않나니.

      허페즈에게 연인이 있다는 건
      순경들도 알고 있고,
      궁정의 아세프 재상도 알고 있지만,
      내 두려워하지 않노라.

33

대사제의 칙령을 들었네만, 옛날에도 그러했듯,
술이 금지되어 그곳엔 친구와 연인도 없네.

나는 위선의 수피 장삼을 찢어 버릴 테니,
다른 도리가 없지 않느냐?
영(靈)을 수피와 논하는 것은 무서운 고문이라네.

연인의 입술이 내게 술 한 모금 부어 준다면.
이를 위해 난 몇 년 동안 술집에 눌러 붙어 있었다네.

아마 그녀의 기억 속에선 내가 베푼 오랜 봉사 사라졌으려니,
새벽 산들바람이여!
옛 언약을 그녀의 기억 속에 다시금 돌아오게 하소서.

백 년 뒤, 그대의 향기 내 무덤을 지나칠 때,
썩고 푸석해진 뼈들 흙에서 춤추며 소생케 하리라.

처음에 연인은 백 번의 언약으로 마음을 빼앗았네.
분명 언약을 잊어버리지 말지니,
위대한 성품의 소유자여.

입을 다문 봉오리에게 말하렴.
"얽혀있는 일에 마음을 움츠리지 말며",
"아침 공기에서, 산들바람의 호흡에서 힘을 얻을지어다."

오! 마음, 그대의 생각 고치려면 다른 문에서 구할지니,
사랑의 아픔은 의사의 처방으로 낫지 않도다.

'지혜'의 보석을 배워, 스스로 손에 쥐어라.
금과 은이 있다면 다른 이들을 위해 사용할지어다.

신의 가호가 없다면 덫에 걸려들며,
그렇지 않다면 인간은 사탄의 손에서 빠져나오지 못하나니.

　　　　허페즈여! 금과 은이 네 것이 아니라면,
　　　　없다 한들 어떠하랴. 감사해라.
　　　　주님 은사의 은혜와 감동과 감화가
　　　　더 낫지 않더냐?

34

오! 신이시여, 사향 사슴이 고향으로 돌아가듯,
곧은 삼나무처럼 우아하게 걸어 정원으로 오게 하소서.

내 괴로운 마음을 산들바람이 위로하며,
육체를 떠난 그 영혼이 육체로 다시 돌아오게 하소서.

달과 태양이 당신의 명령으로 집으로 돌아가듯,
달덩이 연인이 내게 다시 돌아오게 하소서.

예멘 지역의 루비 같은 연인을 찾고자 눈이 충혈되었으니,
신이시여! 빛나는 그 별이 남쪽하늘로 돌아오게 하소서.

오! 길조(吉鳥)여, 소담스런 모습아, 가라.
성스러운 새에게 까마귀의 말을 전해주오

"난 그대 없이 살 수 없어라."
오! 파발꾼아, 잘 듣고 이 얘기를 전해주려무나.

    오! 신이시여,
    허페즈의 눈이 연인의 처소에 있나니,
    희망을 갖고 이방인에서 자신의 처소로
    돌아오게 하소서.

35

실삼나무 같이 훤칠한 키의 왕, 달콤한 입의 여왕,
속눈썹으로 모든 전쟁 대열의 중심을 쳐부수는도다.

술 취함이 지나가고, 탁발승은 내게 시선을 던지며,
"오! 모든 달콤한 언어의 눈과 등불이여!"라고 말했다.

넌 언제까지 돈지갑을 비워둘 참인가?
나의 노예 되면 금쪽 같은 몸을 즐길지니.

세상에 의지하지 말고, 한잔 술을 걸쳤다면
비너스 이마의 즐거움과 가녀린 여인의 몸을 즐길지니.

음주에 도가 튼 내 영혼은 행복하며,
"약속을 깬 사람과의 교제는 피하노라."

친구와 길동무하려걸랑 적과는 갈라서고,
신의 사람이 되어 적에게서 벗어나라.

신새벽 튤립의 정원에서 난 바람에게 말했네.
"이 모든 피 묻은 수의는 누구를 위한 순교인가?"

   바람이 말하길, "허페즈, 나와 넌
   존재의 비밀을 알지 못하니,
   붉은 포도주나 달콤한 입술에
   대해서나 말합시다."

36

술과 술잔에 대한 생각보다 더 즐거운 게 있을까?
자! 봅시다, 마지막에 무엇이 있을 것인지.

얼마나 슬픈 마음으로 살았던가.
일생은 얼마 남지 않았는데,
마음도, 시간도 남지 않았으니,
어떻게 될 것인지 추측해 보렴.

작은 영(靈)의 덫에 갇힌 새에게 말하길,
"그대의 슬픔에 내가 괴롭구나."
누군가에게 연민을 보이면 그 덫이 어떻게 될까?

술 마시고, 슬퍼하지 마라. 모방자들의 충고를 듣지 마라.
사람들 말에서 무엇이 신용이란 말이더냐?

힘들게 번 돈, 소망에 따라 쓰는 것이 진실로 최상이니,
마지막에 소망을 이루지 못한다면 어떻게 될 것인지
당신은 알고 있나니.

어젯밤, 술집의 사제가 계속
생의 수수께끼를 말했도다.
"커피 점(占)[1]의 선을 따라, 마지막엔 어떻게 될 것인가."

>허페즈의 마음은 길에서
>북과 아쟁과 시 가락에 빼앗기고,
>몹쓸 놈이라는 나에 대한 형벌은
>무엇이 될 것인지.

---

1 이란과 터키 등의 국가에서 성행하는 운수보기이며, 다 마신 커피잔을 거꾸로 엎으면 몇 가닥의 커피선이 생긴다. 점쟁이는 이 선을 보고 지난 과거와 앞으로 일어날 사건들을 점쳐 준다.

37

난 사랑놀이로 이 도시에서 유명해졌으나,
나쁘고 추한 것들에 눈을 오염시키지 않은 이도 바로 '나'.

우린 신실을 행하고, 비난을 참고, 행복하다네.
우리의 신앙에서 괴롭히는 것은 이교도의 짓이려니.

술집 주인에게 묻길, "구원의 길이 무엇이더냐?"
그가 술 한잔 청하며 답하길, "남의 허물을 덮어주는 것".

세상의 정원을 바라보는 우리 마음의 목적은 무엇이냐?
그대 얼굴에서 눈의 동공을 통해 장미를 따는 일.

술을 숭배하는 나는 내 그림을 물 위에 그리네,
자기 숭배의 그림을 부수어 버리기 위해.

그대 머리타래의 자비를 난 믿고 있네.
그렇지 않다면,
그쪽에서도 당기는 매력이 없다면,
노력한다는 게 무슨 소용이람.

저 설교가 지루하니 술집으로 가려 하네.
행동 없는 설교, 들을 필요도 없나니.

연인의 몸매에서, 예쁜 얼굴을 위해 사랑을 배워라.
예쁜 여자의 동그란 얼굴을 훑어보는 것, 즐겁도다.

> 허페즈여! 부인의 입술과 술잔 이외에는
> 입맞춤하지 말라.
> 금욕을 팔아먹는 성직자의 손에
> 입맞춤하는 것은 잘못이려니.

38

내 사랑의 악사는 멋지고 훌륭한 가락을 연주하네.
그 어떤 노래를 연주해도 운치가 더하는구나.

세상은 연인들의 비명으로 가득 차 있네.
울부짖음은 아름다운 멜로디이며, 생기를 띠고 있네.

주선의 경지, 우리의 주태백은 권력과 금력이 없다 한들,
아낌없이 베풀고 허물까지 덮어 주는
신(神)의 속성이 있나니.

파리가 설탕을 숭배하듯 내 마음 위대하게 간직해라.
그것이 그대 소망이 되었으니
불사조의 화려함을 갖는도다.

옳은 것을 잘 분별하는 듯 보여도 연인은
안부조차 묻지 않는도다.
왕의 주변에 거지가 있는데도

난 의사에게 피눈물을 보여 주었네.
"가슴을 옥죄는 그 병은 사랑이구려."

사랑의 학교에서 가학(苛虐)의 교태를 배우지 말라.
모든 일과 행위에는 보답이 따르나니.

술 파는 어린 기독교 신자, 아리따운 아이가 말하네.
"순수함을 가진 사람과 즐거이 술을 마시세요"

왕이시여! 허페즈는 궁정 모퉁이에 앉아
코란 서문을 낭독하며,
당신의 언어로 기도의 소망을 가지고 있나니.

39

'신실함의 사람들'로 간주되는 자 누구나,
모든 상황, 재난에서도 신이 그를 보살피나니.

친구와 함께하지 않는다면,
난 친구의 아픔에 관해 말하지 않네.
친구만이 친구의 얘기를 지켜주나니.

오! 마음, 어려움에 처한다면 이렇게 살아 보렴.
두 손 모아 기도할 때 천사는 그대를 지켜줄 테니.

너, 연인과의 관계를 끊지 않기를 소망한다면,
이 줄의 끄트머리를 움켜쥐어라. 그녀가 지키려니.

산들바람이여! 그 머리타래 위에 있는 나의 마음을 본다면,

친절하게 마음에게 전해주렴. 그 자리를 지키라고

내 마음을 지켜 달라고 무언가 그녀에게 말했을 때,
"종의 손에서 무엇이 일어나든, 神만이 돌볼 수 있다."

내 육체, 금, 마음과 생명은 연인을 위해 희생하고,
신실한 사귐의 권리를 지키나니.

      당신이 가신 길의 먼지는 어디 있느냐.
      허페즈는,
      향긋한 훈풍의 회상 속에
      그 먼지를 간직하겠노라.

40

당신의 얼굴은 달보다 더 눈부시다.
무성한 풀이 꽃보다 못하듯
당신에게 꽃은 풀처럼 하찮다.

내 생명의 집은 지붕 처마 같은 당신 눈썹의 구석.
왕조차 이 구석보다 더 행복한 것을 갖고 있지 않네.

당신의 얼굴로 인해 내 마음의 연기가 어찌 될는지.
당신은 한숨의 힘을 막지 못하는 거울을 알고 있으리니.

당신 앞에 피어나는 부끄러움을 모르는,
취한 듯한 수선화의 눈을 보라.
당신도 취한 듯한 눈을 보여주니 예의를 지키지 않는구려.

난 당신의 그 목석 같은 마음을 보았구려.
어떤 지인에게조차 눈길을 주지 않는구려.

오! 홍등가의 추종자여, 큰 사발을 내게 주오
大수피의 기쁨, 겉치레뿐인 수도원이 필요치 않다는 것인즉.

쉽사리 짜증내는 그대! 울화를 삼키며 침잠하리니,
그대에게 드리는 상소문의 외침도 힘을 발하지 못하네.

말하라. "가서 피눈물로 그대의 소매를 씻어내고,
어떤 사람이라도 연인의 문지방을 넘지 못하니라."

당신의 긴 머리타래를 당기는 이는 나뿐만이 아니니,
검은 머리타래로 인해

인격의 오점을 갖지 않은 자 누구란 말이냐.

허페즈가 당신에게 절한다 해도
허물이 없을 것이며,
오! 우상신(연인)이시여,
사랑의 이교도는 죄가 없나니.

41

이 도시엔 내 마음 빼앗아갈 여인 없네.
내게 행운 온다면 이곳에서 짐을 쌀 수도 있으련만.

그 관대함 앞에서 사랑에 취한 매혹적인 연인 어디 있나,
마음이 타버린 사랑하는 이는
소망이라는 이름마저 지워버렸느냐?

정원사여! 내 그대를 보기에,
수확하는 가을철, 소식이 없구려.
오호라! 바람이 예쁜 장미를 그날 거둬 가는구려.

운명의 도둑은 깨어 있으니 그에게서 벗어났다 여기지 마오
그가 오늘 그대 데려가지 않는다면 내일 데려갈 것이니.

공상 속에서 난 이런 소망 품고
우상신을 조종하는 인형극 놀이를 하나니,
탁월한 대가들이 구경꾼의 언급을 무색케 할 것이니.

학문과 지식을 불혹까지 마음속에 채워두고,
취한 듯한 수선화의 그 눈에
불혹까지 이룬 학문을 접게 될까 두렵도다.

금송아지에 소리 나게 한다는
사마리아인의 마술에 속지 말라.
사마리아인은 누구더냐,
모세의 빛을 내는 손보다 못하지 않더냐.

마음이 꽉 죄여 있는 인간의 길을 막는 댐,

얇은 유리 술잔이 허물어줄 것이니,
당신을 휘감는 슬픔의 폭풍우를 그곳에서 가져가도록
손에서 술잔을 떼지 마오

사랑의 길이 궁수(弓手)의 은신처만큼
위험하다 할지라도,
그 길을 알고 있는 사람과 동행한다면
적이라도 도움을 받으리니.

      허페즈여! 연인의 취한 듯한 교태가
      당신의 생명을 요구한다면,
      생명의 집을 깨끗이 치우고, 가져가게
      내버려 두라.

42

만약 술이 우리 기억 속에서
마음의 슬픔을 가져가지 않는다면,
인생의 부침(浮沈)으로 인한 불안은
우리의 토대를 파버릴 수도 있으리니.

이성(理性)의 배가 술 취한 듯, 닻을 끌지 못한다면,
어찌 이 재난의 소용돌이에서 배가 나아갈 수 있으리.

오호라! 하늘은 모든 사람에게 믿을 수 없이 움직이고,
이 속임수에 이길 사람은 없도다.

어둠을 지나 엘리야[1]의 길은 어디 있나.
실망의 불이 우리의 물[2]을 가져가지 않았으면.

---

[1] 예언자, 물을 찾아 나서는 안내자.

내 아픈 마음, 정원 쪽으로 날 끌고 가네.
훈풍은 병든 생명을 낫게 하리니.

나는 사랑의 치료사, 약재인 술을 주오
이로 인해 평안이 찾아오니 근심 어린 생각을 가져가오

    허페즈 괴로워하네.
    그의 상태를 누구도 연인에게 말하지 않았으니,
    신이시여! 바라건대
    산들바람이 내 전갈을 전해 주었으면.

---

2 명예를 뜻하기도 한다.

43

내게서 마음을 가져갔고 내게서 얼굴을 숨겼나니,
신이시여, 누구와 이 불장난을 할 수 있으리까?

홀로 있던 신새벽, 자살을 결심했네.
끝 간 데 없는 그녀에 대한 생각으로.

튤립처럼 난 왜 핏빛 마음이 아닐까?
수선화처럼 반쯤 취한 그녀의 눈,
날 혼란스럽게 하나니.

이 애끓는 마음, 난 누구에게 말할까?
"연인이 이 목숨을 끊으려 하네."

초처럼 날 그렇게 녹이는구려.

술병도 울고, 가야금도 목놓아 울었다네.

훈풍아, 내 병을 고치려면 바로 지금이니,
그녀를 향한 절절함, 내 목숨을 끊는 듯하다.

우정이 돈독한 이들끼리 어찌 말할 수 있으리.
"내 연인은 이렇게 말하며, 저렇게 행동했다"는 것을.

      적이라도 허페즈의 목숨에 맞서
      그렇게 하지 않았을 텐데.
      눈썹 모양의 활,
      그 눈의 화살이 날 죽이는구나.

44

친구들! 가리개를 후회하는
'포도나무의 소녀'가 얼굴가리개를 벗고,
풍기단속 경관에게 가서 허락 받고 일을 하나니.

소녀는 커튼 뒤에서 술자리로 나와
손님들의 땀을 닦아 주며,
손님에게 왜 가리고 못나왔는지를 얘기해 주나니.

오! 마음, 사랑의 악사 다시금 기쁜 소식을 주오
취하도록 한 곡조 불러다오
술 취한 뒤 고통이 가시도록.

수피의 장삼, 일곱 번을 씻고 백 번을 태운들,
그 술 빛깔이 사라지지 않으려니,

술에 찌든 승복으로 포도주를 만들도다.

산들바람이 꽃봉오리를 열어제쳐,
밤꾀꼬리의 기쁨인 연인, 장미의 잎을 보았네.

       허페즈여! 겸손함을 잃지 말아야 하나니.
       시기로 인해,
       자만심 때문에, 명예, 부, 마음, 종교를
       잃지 말아야 하나니.

45

오랫동안 내 마음은
'세상을 보는 잠시드 왕의 술잔'을 찾았노라.
내 갖고 있는 것을 다른 이에게 간청했는가?

'존재와 공간'[1]의 조개에서 나오는 진주를,
바닷가 해안에서 길 잃은 이에게 찾고 있었네.

어젯밤 대사제에게 철학적 문제로
내가 겪는 어려움을 갖고 갔더니,
그는 '보이는 것'에 몰두하여 그 수수께끼를 풀었네.

난 손에 술 사발을 들고서
행복하게 웃는 대사제를 보았고,

---

[1] 우주를 뜻한다.

그는 '대사제의 술잔'인 거울에서 수백 가지를 보고 있었네.

난 말하길, "세상을 보는 잔을
신이 당신 대사제께 언제 주셨느냐?"
그는 말하길, "지구를 창조했던 바로 그날"이라네.

신은 모든 상태에서 연인과 함께했으며,
신을 보지 못한 연인은 멀리서 신께 기도를 드렸네.

대사제 말하길, "그 친구의 머리는 교수대에 올랐네."
"죄명인즉 하늘의 비밀을 누설했다는 것."

성령의 충만함이 다시 내린다면,
예수가 이룬 기적, 다른 이들도 행할 수 있도다.

난 대사제에게 말하길, "무엇 때문에 연인의
사슬 같은 머리타래를 창조하셨나이까?"
그는 말하길, "허페즈여, 너는 연인의
머리타래에 동여매여 투덜대는도다."

46

내 마음, 달덩이 같은 얼굴과의 사랑 말고는
다른 길을 찾지 않으리다.
여러 면으로 조언하지만 난 하나도 영향을 주지 못하네.

충고하는 자여,
제발 술과 술잔에 대한 교훈과 충고만 해 주오
우리 머릿속엔 술과 잔 말고는,
그 어떤 즐거운 생각도 없나니.

오라, 오! 장밋빛 볼을 한 부인,
그대 얼굴빛 닮은 술을 가져오리니,
나의 내면, 술 말고는 그 어떤 생각도 찾을 수 없나니.

몰래 술병을 들여가니 사람들은 이를 책으로 여기네.

책에 담긴 위선을 태우지 않는다면 그 기이한 일이로다.

기워 입은 이 누더기 수피 승복,
난 태우고 싶네. 언젠가,
술집 주인이 승복 대신 단 한 잔의 술도 주지 않았기에.

포도주와 함께 내면의 깨끗함이 친구들에게 있나니,
거울엔 그 어떤 얼굴도 거짓으로 비치지 않네.

이리 고운 얼굴, 이다지 예쁜 눈을 보지 말란 말이냐.
별 볼일 없는 설교, 내게 영향을 주지 못하노니.

탕아들에게 한 수 전해주고 싶은 말은 운명에 맞서라는 것.
그의 마음이 좁아진 것을 보니,

아마 술잔을 잡지 않았나 보다.

난 울고 있던 중에 웃었지, 양초처럼 모임에서.
뜨거운 언어야 내 것이지만,
모인 사람들에게 영향을 주지 못하는도다.

내 마음 앗아갔으니 얼마나 좋을까.
멋지네, 그대 취한 눈,
누구도 야생조류를 이보다 더 잘 잡을 수는 없나니.

언어는 내게 필요하지만 연인에겐 필요치 않네.
오! 마음, 연인에게 그 어떤 영향력도 없으니
마법이 무슨 소용!

어느 날, 알렉산더처럼 적의 배를 불태우려
손에 거울을 쥐고,
한순간 불이 붙는다 해도 영향을 줄 수 없으리니.

오! 베푸는 자여, 부디 그대 길머리에 서 있는
탁발승에게 작은 은혜를 베풀지니.
다른 연인의 대문도 모르고, 다른 길로도 가지 않으려니.

    촉촉하며 달콤한 이 시로
    왕중왕을 놀라게 했는데도,
    왜 머리에서 발끝까지
    허페즈를 금으로 감싸지 않았더냐.

47

노년기에 젊은 시절처럼 사랑에 빠졌네.
내 마음속에 숨겼던 비밀이 드러났네.

눈(眼)길에 의해 마음의 새는 공중으로 날아갔네.
오! 눈아, 보아라. 누구와의 사랑, 덫에 빠졌는지.

오! 슬프도다. 사향내 나는 사슴의 검은 눈.
배꼽의 사향내처럼,
내 엄청난 심장의 피가 간장으로 몰려든다네.

연인이 사는 골목의 흙 길을 지나 왔기에,
새벽바람에 사향내 묻어오네.

당신의 긴 눈썹은 세상을 정복하는 칼과 같아,

영혼은 살아 있지만 육체는 죽은,
무수한 이들이 서로 서로 쓰러지나니.

응보의 세상에서 충분히 경험했고,
주태백들과 함께 도전하는 것마다 실패했다.

아무리 노력해도 검은 풀이 루비가 될 순 없네.
연인의 성격이 본디 그러한데,
어찌 할까? 잘못이 없지 않은가.

    허페즈의 행복한 손,
    연인의 머리타래를 쓰다듬는데,
    그의 머릿속에 아주 강력한 경쟁자가 떠오르네.

48

당신의 얼굴을 보니 나 자신의 존재를 잊어버렸구려.
연인 사이에서 타 버린 사랑의 모든 수확물,
바람아! 가져가다오

재앙의 폭풍인 연인에게 맘과 눈을 주었을 때,
슬픔의 홍수 밀려들어 내 존재의 토대를 무너뜨리누나.

강한 향의 그녀 머리타래,
누가 그 내음 맡아 볼 수 있으리? 아! 슬프도다.
오! 욕심 많은 마음아,
'향내'를 맡겠다는 맘을 기억에서 지우렴.

내 가슴에 말해다오
"파르스1 지방 배화교 사원의 화염을 잠재우라고,"

눈에게도 말해주오 "바그다드의 티그리스江처럼 흐르는
얼굴의 눈물을 거둬 가라"고

대사제여 영원하라! 나머지는 중요치 않나니.
다른 이는 말한다. "내 이름을 당신의 기억에서 지우라"고

이 길에선 노력 없이 한 지점에 도달할 수 없나니,
그대가 응보를 원한다면 대사제를 따르라.

내 죽을 때 한순간이나마 그대 볼 수 있도록 약속해 주오
그 무덤 속에서라도 날 편하고 자유롭게 해 주오

어젯밤 그녀 말하길,

---
1 페르시아의 어원이 된 이란 남부의 한 주.

"나의 긴 눈썹으로 너를 죽이겠노라"고
신이시여, 그녀 마음속에서
불의의 생각을 거두어 주소서.

      허페즈여! 연인의 예민한 마음을 생각하렴.
      그녀의 거처 앞에서
      이 울부짖음과 외침을 거두어 가렴.

49

잃어버린 유소프(요셉)가 가나안으로 돌아오니,
서러워 마라.
어느 날 슬픔의 오두막이 장미원으로 바뀔 테니 서러워 마라.

오! 슬픔으로 찢긴 마음,
그대 상태 나아지리니 상심하지 말며,
헝클어진 머리카락 가지런해지리니 슬퍼하지 마라.

생의 봄이 있다면 다시 잔디 같은 왕좌에로
오! 낭랑한 목소리의 새!
장미가 우산처럼 씌워 줄 테니 슬퍼하지 마라.

한순간 하늘이 의도대로 순환하지 않게 된다면,
그 순환의 상태, 영원히 일정하지 않더라도 슬퍼하지 마라.

어이! 희망을 잃지마. 당신이 신비의 비밀을 알지 못해도,
장막 안에 숨겨진 놀이 있을지니 슬퍼 마라.

오! 마음, 존재의 근원을 해탈의 홍수가 뽑아 낸다면,
그대에게 노아가 있으니,
폭풍 속의 선원들, 슬퍼 마라.

메카의 신전을 향한 열정으로 사막까지 걸어간다면,
사막의 선인장 가시가 비난해도 슬퍼 마라.

숙소는 너무 위험한데 갈 길은 너무 멀고,
어떤 길도 끝없는 길은 없으니 슬퍼 마라.

내 상태는 연인과 떨어져 있고, 연인의 고집,

신이 그 상황을 반전시킴을 모두 알고 있도다.

    허페즈여! 가난의 구석에서,
    어두운 밤의 한적함에서,
    너의 염송 기도와 코란 공부가 있다면
    슬퍼 마라.

50

창 던지는 이는 힘이라도 있고, 난 쓰디쓴 술을 원하고,
한순간 세상의 불법과 혼란에서 벗어나 쉬어 보려마는.

영원의 시간표에서 무지한 인간들은
위안의 꿀을 가지고 있지 않으니.
오! 마음, 쓰디쓰고 짠 것에서
욕망과 탐욕의 구미를 씻어내라.

술 가져오라.
인간은 하늘의 속임수에서 안전할 수 없네.
금성의 아쟁과 화성의 투사 놀이에서.

바흐람 왕의 사냥 올가미를 던지고,
세상을 바라보는 잠시드 왕의 술잔을 들어라.

바흐람도 아니고, 그의 야생마도 아닌
내가 이 사막을 횡단했나니.

오라, 순수한 술에서 시간의 비밀을 보여주려니.
마음을 닫은, 비뚤어진 성격을 그대가 보이지 않는다면.

모순 속의 탁발승들을 훑어보는 것은
위대함에 반하는 것이 아니다.
위엄을 지녔던 저 솔로몬도
그의 시선은 개미와 함께 있었노라.

      연인의 활모양 눈썹은
      허페즈에게서 머리를 돌리지 않지만,
      허페즈의 힘없는 팔뚝을 보곤 웃음 짓나니.

51

당신은 나에게서 덕을 찾느냐.
난 술 마시는 인간들을 초대했노라.
당신의 취한 듯한 동공이 돌면서,
난 스스로의 안전을 기원할 수밖에.

나를 위한 술집 문이 열리고,
어떠한 수피 사원도 어려움을 풀지 못하노라.
네가 믿든지 믿지 않든지,
내 원래의 말은 이것이었노라고 말했다.

오! 부인, 난 당신 눈에
사경을 헤맬 정도로 취했으나,
연인이 안겨준 큰 괴로움은 천 번이라도 환영하리라.

당신이 내 실수를 눈감아 주지 않는다면
결국 후회하리니.
그대 가슴속에 이 문제를 기억해 두게,
내가 어디에서 그것을 내뱉었는지를.

당신의 키는 쭉 빠진 실삼나무와 같다고 말한
난 부끄러웠다.
왜 내가 비교했는지, 왜 모략했는지?

향낭(香囊)처럼 내 간이 피범벅이 될 정도로,
내겐 이 고통보다 적지 않으니,
앙갚음 — 당신의 곱슬머리를 파마라고 말한 건
내 잘못이라네.

오! 허페즈, 당신은 불이 되었건만
연인에게 영향을 못 주네.
장미와의 언약이 깨어진 것을
난 산들바람에게 전해 주었다네.

52

여보시오, 부인! 돌아가며 술 한잔 권해 보게.
사랑은 처음엔 쉬운 듯 보이나 어려움이 닥치는 법.

정낭의 향, 끝내 그 머리타래를 훈풍이 열어제치고,
사향의 타래로 인해 마음속은 피로 얼룩지네!

연인과의 단계처럼 인생의 역에서 기쁨과 평안은 순간.
낙타방울은 낙타 등의 가마 문을 닫으라고 하네,
또 다른 역을 향해.

대사제가 기도용 깔개를 술로 적시라고 명한다면,
구도승도 임시 거처의 道와 관습을 모를 리 없건만.

캄캄한 밤, 일렁이는 파도, 소용돌이 그렇게 무서운데,

해안에 있지만,
홀가분한 우리 마음의 영적 상태를 어찌 알겠느냐?

모든 일은 이기심 때문에 마지막에 오명을 남기나니,
모임에서 떠든 인생의 위대한 비밀, 누구 내면에 머물까?

      허페즈여! 마음의 존재를 원한다면
      신에게서 떠나지 말지니,
      신에 대한 인식, 무아(無我)로 이를 테니.

53

난 악을 말하지도 않고,
부정(不定)에 기울지도 않겠노라.
어떤 이의 의복은 검으나,
우리는 자신의 승복을 검게 만들지 않을지니.

거지나 부자들의 결점은 적든 많든 간에 나쁜 것이니,
우리가 결코 나쁜 일을 저지르지 않는 게 방책이도다.

오류의 문자를 지식의 책에 쓰지 말며,
신의 비밀을 묘수의 카드로 속이지 말라.

왕이 탕아의 술 한 모금을
존경의 마음으로 마시지 않는다면,
그의 일이 투명한 술처럼,

진실에 의해 이루어지지 않으리니.

세상을 살아가는 이들과 즐겁게 살아가겠으니,
값비싼 흑마(黑馬)와 안장 같은 물질에 대해
생각하지 않겠노라.

하늘은 예술가들의 배를 부수어 버리니, 1
이 파도에 매달리지 않는 것이 더 나으리다.

시샘 있는 이가 악을 말해 친구가 슬퍼한다면,
말해라. "즐거워해라. 난 바보의 말을 듣지 않으리니."

---

1 노자의 절학무우(絶學無憂)를 생각나게 하는 대목으로, "배움을 끊으면 근심이 없어진다"는 내용이다. 지식에만 매달리며 영성(지혜) 추구를 게을리 하는 자신에 대한 질책으로 보인다.

허페즈여! 적이 잘못을 말한들

흠잡지 않으리니,

진실로 말하자면

진실의 말과는 논쟁하지 말지어다.

54

훈풍아, 새끼 사슴 같은 연인에게 다정히 말해 주렴.
그대가 산과 사막으로 날 보냈노라고

설탕장수 그대여, 만수무강 하소서. 왜냐고,
달콤함을 씹으려는 내게 오래 고통 주려면.

페르시아 장미 같은 그대! 美를 뽐냄을 덮으려면,
밤꾀꼬리의 간드러짐으로 안부도 묻지 말라.

한량(閑良)들의 사냥은 미덕과 다정함 속에 이뤄져도,
눈치 빠른 새를 덫으로 잡으려 하네.

왜 그녀는 피부색을 못마땅하게 여기는지 난 모르겠군.
훤칠한 키, 검은 눈, 달덩이 얼굴인데.

연인들과 앉아 술 마실 때,
곧, 공기를 잡는 헛수고임을 염두에 두라.

그대 美의 티끌이라면 이것밖엔 말할 수 없고,
아름다운 얼굴엔 친절과 신실함은 없나니.

      하늘에서도 허페즈의 시에 혀를 내두를 때,
      금성의 노래, 하늘의 예수를 춤추게 할진대.

55

신앙심 깊은 자들! 신으로 인해 연인이 되었네.
오호라! 가슴에 품은 사랑, 만천하에 드러나네.

난 부서진 배 안에 있으니, 순풍이여, 불어다오
연인을 다시 볼 수 있으리니.

하늘의 돌봄 속에 속절없는 이야기 같은 인생.
적절한 시기에 친구에게 善을 베풀라.

어젯밤 장미와 포도주의 향연에서 밤꾀꼬리 노래하고,
오! 부인, 술 갖고 오게, 취한 이들아! 정신을 차려야지.

오! 은혜를 베푸는 자여, 건강함에 감사하니,
하잘것없는 탁발승에게도 안부를 물을지니.

현세와 내세에서의 평안은 단 두 마디.
친구에겐 아량을, 적과도 균형을 취할지니.

이름 있는 동네에서 나를 지나가지 못하도록 막아서듯,
당신이 원치 않는다면 내 운명 바꾸소서.

수피들이 악의 근원이라 일컫는 쓰디쓴 술,
내겐 처녀와의 입맞춤보다 더 달콤하다.

가진 것 없어도 즐거이 취하도록 애쓰라.
이 존재의 연금술은 거지를 부자로 만드나니.

열정은 양초를 태우지만 심지는 당기지 마오
흘러내린 촛농, 화강암의 마음으로 변할 테니.

자! 보라, 이제 알렉산더의 술잔은 세상을 보는 거울.
다리우스의 기체후(氣體候)에서 교훈을 얻어라.

페르시아어를 잘도 재잘대는 동포들을 오래 살게 하소서.
오! 부인, 신앙심 깊은 파르스 지역의 탕아들에게
기쁜 소식 전해주오

    허페즈여! 술로 얼룩진 승복을 입지 말지니,
    깨끗한 성직자여! 1 내 변명으로 여겨주오

---

1 허페즈는 성직자 계급에 대해 통렬한 비판을 가하는데, '깨끗한 성직자여'는 이의 반어적 표현이다. 반어와 역설은 그의 시를 특징짓는 중요한 요소다.

56

수피여! 오라, 컵의 거울은 투명하나니,
순수의 맑은 술을 보려거든.

베일 속 세상의 비밀을 술 취한 탕아에게 물어 보렴.
지금은 수도승이 고상한 지위가 아니구나.

불사조는 그 누구의 제물도 되지 않으니, 덫을 거둬라.
그물 덫에 바람이 갇힐 리 없지 않은가.

세상의 향연에서 한두 잔 마시고 떠나라.
영원한 만남, 그런 욕심일랑 버려라.

오! 마음, 젊은 시절은 갔고, 기쁨에 겨워
한 잎 장미도 따지 못했도다.

이제 나이 들어 불명예스런 이름 남기지 말라.

운명이 얼마 남지 않았으니 현세에서 즐겨라.
낙원에서 쫓겨난 아담도 세상에서 즐거우니.

문지방 닳도록 그댈 위해 바쳤고,
신이시여! 당신의 종을 보살펴 주소서.

  훈풍아! 술잔의 추종자가 허페즈니,
  가서 '쉐이크 잼' 1에게
  이 종의 안부를 전해주렴.

---

1 'Sheikh Jam'은 쾌락주의의 극치를 보여주는 사람으로 하룻밤 동안 7명의 처녀와 밤을 지새울 정도였다고 한다. 허페즈는 나이를 뛰어넘었던 그를 찾고 싶은 마음을 표현하고 있다.

57

부인! 일어나 술잔을 주게.
세상은 슬픔이니 머리 위로 재를 뿌려 주오

손에 쥔 술호리병, 육신에서 이맘 1의
옷을 벗길 때까지 따르지 않겠노라.

현자들의 생각에 오명이 나의 것이라 할지라도,
난 명예도 명성도 원치 않나니.

술 주오! 이런 허영심, 얼마나 오랫동안
끝없는 물질적 욕망, 지긋지긋하니.

---

1 이맘은 순니파 국가에서는 예배를 집전하는 자이지만, 이란·이라크와 같은 쉬(시)아파 국가에서는 신의 대리인이란 의미를 띤 정신적 지도자를 말한다.

내 신음하는 가슴속 한숨의 연기,
성숙치 않은 인간들을 태워 버렸네.

인간의 위대성, 그 마음의 비밀에 빠진 후예들,
나, 신분의 높고 낮음으로 사람을 보지 않나니.

연인 가까이 평온함을 찾으나,
연인 곁에서 그 평온은 사라지니. 2

정원에서 다른 실삼나무의 날씬함을 보지 않고,
그 훤칠한 연인만을 보리라.

---

2 연인의 이중성, 표리부동함을 드러내면서 평온의 시작과 끝이 연인에게서 비롯됨을 역설적으로 표현하고 있다.

허페즈여! 고난 속에서도 밤낮으로 참아라.
마지막에 그대의 소망을 성취하리니.

58

젊은 시절 한창 때처럼, 다시금 꽃밭에
미성(美聲)의 밤꾀꼬리 오면 장미 피어나고. 1

오! 훈풍아, 정원의 젊은이들에게 다시금 이른다면,
실삼나무, 장미, 향내 나는 풀에게 안부 전해 주렴.

잘생긴 동자승 2이 술 따르는 곳 있다면,
그 술집에서 눈썹으로 청소하듯 존경하련다.

6자처럼 감아 올린 달덩이 얼굴의 귀밑머리,
방황하는 나를 혼란스럽지 않게 해주렴.

---

1 장미와 밤꾀꼬리는 연인관계이다.
2 조로아스터교의 어린 사제를 뜻하지만 여기서는 머리에 기름을 바른, 예쁘고 어린 남자가 마치 주모(saki)처럼 술을 따르는 곳을 뜻한다.

웃고 즐기다 떠나는 주당들이 겁나네.
종교적 신념인 양 화류가에 목숨 걸고

노아의 방주에서 신의 사람들과 친구 되네.
대홍수도 예배를 위한 물이 아닐 때,
한 줌의 흙이 있었도다. **3**

천당 문 밖으로 나와 동냥 얻지 마라.
하늘은 새까만 동냥 그릇을 찬 인간을 막판에 죽이노니. **4**

---

3 무슬림들은 예배 전 얼굴과 손을 씻을 합법적인 물이 필요한데, 여의치 않은 경우에는 약간의 흙으로 이를 대신한다.

4 노자의 도가사상(Taoism)의 영향을 받은 대목으로, 하늘의 냉혹함을 이르는 노자의 "天地不仁"(천지는 인자하지 않다)을 생각나게 하는 구절이다. 이와 유사한 내용이 시의 곳곳에 등장해 허페즈가 노자의 영향을 받았음을 알 수 있다.

누구라도 마지막엔 무덤 속 한 줌 흙.
대저택이 하늘을 찌르지만 다 무슨 소용인가.

달덩이 유소프 5여, 이집트 고관의 방석은 당신의 것,
감옥에서 인사하고 나올 때가 되었도다.

> 허페즈여! 탕아 되어 즐기는 편이 낫네.
> 다른 성직자처럼 코란으로
> 속임수의 덫은 놓지 않으리니. 6

---

5 유소프(요셉)와 줄레이카의 이야기를 인용한 것이다. 이집트의 왕비 줄레이카의 시기심 때문에 유소프는 감옥에 갇히는 신세가 된다. 여기서 허페즈는 이제 유소프가 철창에서 나와 파라오의 자리에 오를 때가 되었음을 말하고 있다.
6 허페즈는 탕아가 되어 즐길지라도 코란으로 사람들을 속이고 덫을 놓는 성직자 같지는 않으니 차라리 그 길을 택하라고 한다.

59

어젯밤 이맘께서 사원에서 술집으로 오셨는데,
道의 추종자들이여! 이후 우리는 무엇을 해야 할까?

추종자들은 얼마나 카바 [1]를 향했던가,
우리의 이맘이 술집으로 향했을 때.

도 닦는 화류가에서 우린 함께 기거했다.
신이 창조한 첫날, 우리의 운명은 그렇게 지나갔으니.

그녀 머리타래의 속박에서 마음이 행복할 때를
이성이 알고 있다면,
머리타래의 속박을 찾고자 이성론자들은 미칠 지경이었네.

---

[1] 메카의 신전.

우아하게 그대의 아름다운 얼굴은
우리에게 코란의 구절을 설명했노라.
이로써 우리의 주해서에는
우아함과 아름다움밖에는 없도다.

당신의 암석 같은 마음, 밤에도 아무런 영향받지 않네.
한밤중 가슴속 불타는 뜨거운 저주에도

      내 한숨 섞인 화살 기도가 하늘을 뚫었으니,
      허페즈여! 침묵하라,
      내 화살을 피해 당신 마음속에 자비 베풀라.

60

부인! 술잔이 술빛으로 불을 켠 듯하구려.
악사는 연주하네.
"우리 소망대로 세상일은 이루어졌나니."

난 잔 속에서 연인의 얼굴 보았네.
오! 그대, '영원성의 술'에 대한 우리의 즐거움을 알지 못할 터.

마음이 사랑으로 살아있는 자는 영원히 죽지 않고,
세상의 사료(史料) 위에, 우리 존재의 영원성은 쓰여 있네.

쭉쭉 뻗은 실삼나무 같은 여인네들의 교태와 아양이
제아무리 많다 한들,
우아한 걸음걸이 가문비나무의 연인이 나타나니.

훈풍이여, 연인의 정원을 지나치거들랑,
부디, 연인에게 내 소식 전해주오

기억 속에서 내 이름을 왜 일부러 지워버렸는지 말해주렴.
내 이름 잊지 않았다면 스스로 와 주렴.

술 취한 듯한 연인의 눈매는 기쁨이로다.
취한 이에 고삐 맡기니 이끄는 대로 가련다.

최후의 날, 더 많이 애용하지 못한 것을 두려워하네,
불법적인 우리의 술보다도 합법적인 큰스님의 빵을.

   허페즈! 그대의 눈에서
   눈물의 씨앗 철철 뿌려지니,

아마 저 새 같은 연인은
나의 덫 속에 있을 것인가 보다.
하늘의 푸른 바다와 초승달 같은 배,
후견인의 그 은혜 속에 난 잠겨 있노라.

61

아침이 피어오르고 구름이 장막을 치나니,
친구여! 아침 술, 해장술 가져오려무나.

튤립의 얼굴 같은 술잔에 이슬 떨어진다.
친구여! 술! 술! 술을 가져오렴.

정원에선 천국의 산들바람 불어오고,
그러세! 순수의 술을 연거푸 들이키세.

정원에는 에메랄드 왕좌에 장미 앉아 있으니,
불타는 루비 같은 포도주를 가져오렴.

다시금 술집의 문 닫혀 버리고,
신이시여! 닫힌 문을 열어 주소서!

이 좋은 계절에 술집은 문을 닫네.
서둘러 그들은 술집 문을 닫는구나.

요정 얼굴 같은 부인을 벗 삼아,
허페즈처럼 순수의 술을 들이키세.

62

순결한 연인이여! 누가 얼굴가리개를 벗겨줄까?
인간의 새에게 양식을 주리니.

간장을 에이는 듯한 그 생각에 잠도 오지 않네.
당신의 안락한 침소에서 누가 당신을 끌어안을 수 있을까?

그대, 거지의 안부도 묻지 않는구려! 나는 두렵다오
그대는 신의 용서에 대한 생각도,
신의 처벌에 대해서도 관심 없도다.

취한 듯한 그 눈빛, 사랑하는 이의 마음을 훔치네.
취한 듯한 당신의 매혹적인 눈에 취했음이 분명하네.

당신이 쏜 눈빛 화살이 내 마음속 과녁을 빗나갔네.

그대의 바른 생각으로 또다시 무슨 술책을 꾸밀는지.

내 외침과 한숨을 당신은 듣지 못했나니,
연인이여! 당신의 지위가 고귀함이 명백하도다.

이 사막에서 샘물은 멀리 떨어져 있으니, 정신차려라.
사막의 악귀가 아지랑이처럼 당신을 속이지 않도록.

오, 마음이여! 노년의 길에서 그대는
어떤 방식으로 살아가려는가?
오류 속에 그대의 젊은 시절도 지나가 버렸나니.

오! 그대는 마음을 밝히는 애정의 처소, 궁정이노라.
신이시여! 시대의 재난으로

연인의 집을 폐허로 만들지 마소서.

      허페즈는 주인에게서 도망가는 종이 아니네.
      당신의 책망으로 내 마음 무너졌으니
      자비를 보이고 돌아오라.

63

마음의 불로 인해 내 가슴은
연인을 향한 슬픔으로 타 버렸네.
보금자리 타버린 이 집,
가슴속 불이 있어 내 존재를 태웠네.

연인과 멀어지며 내 몸은 녹아 내렸네.
연인의 얼굴을 향한 사랑의 불꽃, 내 마음을 태웠네.

보라! 마음이 끓고 있는 것을.
내 눈물은 거대한 불꽃, 양초의 타는 마음.
어젯밤, 사랑의 소망으로 인해 불나비처럼
고뇌하는 마음 타 버렸네.

연인이 내 마음을 태우는 것, 이상하지 않네.

내가 스스로에게서 빠져나왔을 때,
타인의 마음이 타버린 것이니.

내 절제의 승복을 화류가의 술이 쓸어버렸네.
내 이성(理性)의 집, 그 화류가.
불붙이는 그 술집에 나의 모든 걸 걸었네.

금주하겠노라 회개하고 술잔을 깨뜨렸을 때,
술과 술집도 없이 튤립의 속처럼 내 마음은 검게 탔네.

토닥거림을 멈추고 다시 돌아와 주렴.
타오르는 내 존경의 눈,
존경의 표시로 승복을 불태웠네.

허페즈여! 시시콜콜한 이야기 접고,
잠시나마 술 한잔하렴.
연인과 나눈 시시콜콜한 얘기와 함께,
밤 지새우며 양초도 다 타버렸네.

64

술 따르는 자여! 단식 축제가 그대에게 다가오고 있나니,
당신이 한 약속, 잊지 말게나.

헤어져 있었던 이 시기, 난 아주 놀랐네.
당신은 술친구들과 관심을 끊었고, 그녀는
당신에게 마음을 주었다네.

'포도나무의 딸'에게 밖으로 나오라고 안부 전해주렴.
우리의 숨과 용기는 그대를 자유롭게 풀어주었나니.

그대 도착하는 발자국 소리는 참석한 이들의 기쁨.
그녀가 오지 않을 것이란 그 마음에,
기쁨은 슬픔이 차지할 것이니.

신의 은총 덕에 가을 바람으로부터
어떠한 손실도 입지 않았도다.
재스민, 전나무, 장미와 회양목의 정원도

사악한 눈을 멀리하고, 저 헤어짐에서 다시 오라.
그대의 뛰어난 운과 타고난 복이려니.

  허페즈여! 이 노아의 방주와 고리를
  끊지 말지니.
  폭풍우 오면 그대의 토대를 앗아갈 것이로다.

65

오! 향긋한 바람아, 연인의 처소 어디인가?
달덩이 연인, 고통 안겨주는 연인의 처소 어디인가?

캄캄한 밤, 우리 앞엔 '아이만의 계곡' 길.
토르[1]의 불은 어디 있나? 그 불이 있다면
약속의 시간과 장소는 어디 있나?

세상에 태어난 사람, 그 누구에게도 단점은 있는 법,
화류가에서 말해 보라, 정신 있는 자 누구이며 어디 있는지.

눈짓만으로도 알아차리고 기뻐하는 그 사람,
수많은 금강(金剛)의 언어조차 무슨 필요인가.

---

[1] 시나이 반도의 산으로 모세가 기도 중에 신의 빛을 본 곳.

비밀의 단짝은 어디에?

내 한 올 머리카락도 당신과 수천 갈래로 엮여 있고,
나는 어디 있고, 일없이 앙탈부리는 그 님은 어디 있나?

사향내의 우아한 곱슬머리 연인에게 다시 물어 보라.
이 슬픈 마음, 칭칭 감겨 방황하고 있나니,
머리타래 그 어디에?

이성은 마비되었도다, 그 검은 머리타래 어디에?
내 맘은 구석에 홀로 있고,
연인의 각진 눈썹도 구석 어디에?

부인, 악사, 술, 이 모든 것 준비되었는데,

연인 없는 즐거움에 심히 허전하네. 내 님은 어디에?

    허페즈여! 세상의 정원에서
    가을 바람에 괴로워말지니,
    이성적으로 생각해도
    가시 없는 장미 어디 있더냐?

66

'마음을 추구하는 자'여! 당신은
언어를 이해하려는 자가 아니니, 잘못은 여기에 있네.
도인의 말을 들었을 때, 당신도 잘못이라 말하지 말라.
당신의 이해력이 모자랄 뿐.

나는 현세와 내세에 가치를 두지 않으며,
신이여! 축복을! 어떤 난리 속에서도
내 머릿속에 축복 있나니.

내 존재 안에 '마음을 괴롭히는 자' 누구인지 모르겠네.
겉으론 평온한데 안으론 누군가 소리치고 있네.

내 마음은 그 음계에 지쳐 버렸소
오! 악사여, 어디 있소?

노래 불러라. 이 가락을 따라,
우리 일은 노래 부르는 것.

난 세상사, 물욕에 관심 없으며,
내 눈으로 본 당신 얼굴,
세상을 아름답게 꾸미는구나.

내 맘을 유혹하는 연인 생각에 잠 이루지 못했네.
백날 밤을 숙취로 고생했건만, 술집은 어디 있나?

피를 토하는 마음일까, 수도원이 너무 얼룩져 버렸네.
차라리 술로 나를 씻어준다면,
당신 손에서 그건 합법이려니.

무슨 연유로 배화당의 대사제가
내게 존경을 표하는도다.
꺼지지 않는 영원한 불, 항상 내 마음속에 있도다.

무슨 곡이었던가, 그 악사가 전통음계로 연주한 것이?
생은 흘렀건만 아직껏 머릿속은 그 가락으로 가득하다.

      간밤, 그대 사랑의 외침이 내 마음을 울리네.
      허페즈의 가슴속 공간은
      그 메아리로 가득하네.

67

구석에 박혀있는 자에게 방랑이 무슨 필요이고,
연인이 사는 곳이 있는데 사막에서 웬 방황이더냐?

영혼이여, 맹세코 당신은 신과 함께 있는 것이 필요하다.
마지막에 한순간 묻노니,
"우리의 존재가 무슨 필요가 있는가."

오! 美의 화신이여, 신을 위해 스스로를 태워 버렸는데,
마지막에 물어 보오, 거지에게 그것이 무슨 필요가 있는지?

나는 필요의 군주이나 요구할 언어가 없나니,
자비의 신 앞에서 탄원이 무슨 필요?

당신이 날 죽일 의도라면 긴 이야기는 필요 없나니,

모든 재물이 당신 것인데, 강탈이 무슨 필요?

세상을 보는 잔은 연인의 밝은 내면.
그런즉, 자신에게 필요한 것을 드러낼 이유가 무엇이더냐?

배를 수선할 의무의 짐을 져야 할 시기는 지났네.
보석이 손에 들어 왔는데 바다가 무슨 필요?

오! 원하기만 하는 그대, 가라. 난 그대와 일할 게 없네.
절친한 친구들도 많은데 나쁜 친구 중에서 무슨 필요?

오! 거지가 되어버린 자여, 영혼을 주는 연인의 입술처럼,
그녀는 키스해 줄 의무를 알고 있는데,
요구가 무슨 필요?

허페즈여! 그대의 얘기를 끝내렴.
스스로의 교묘함이 밝혀지나니,
나쁜 친구와의 싸움과 논쟁이 무슨 필요이더냐?

68

내 눈에 보이는 웅장한 대문은 그대 보금자리.
아량을 보여주오, 내려와 주오, 당신의 집이니.

당신은 몸매와 점으로 도인의 마음 빼앗았나니,
당신의 미끼와 덫 아래 야릇한 미묘함 있도다.

오! 새벽의 밤꾀꼬리여,
그대, 단짝 장미를 만났으니 기쁠 테지.
잔디밭에는 요염한 지저귐 — 모두 당신 것이로다.

내 연약해진 마음의 치료는 당신 입술에 의지하는 것.
그대 재물 중 루비로 만든 약만이 나를 고칠 것이니.

그대와 몸으로 붙어 있진 않지만,

내 영혼의 정수(精髓)는 그대 문지방의 흙이네.

나는 아양떠는 모든 여자에게 마음의 동전을 뿌리는
그런 사람이 아니니,
재물함엔 그대의 표시로 봉인되어 있도다.

오! 말 잘 타는 여인, 멋진 일을 해냈구나!
당신은 진정한 마법사가 아니더냐,
하늘처럼 말 안 듣는 말(馬)이
당신 회초리에 의해 길들여지나니.

나의 자리에 무슨 일이? 하늘이, 마법사가 흔들거릴 때,
그대 놀이의 보고(寶庫)에 있는 마술로 인해.

지금 그대 모임의 노래, 하늘까지
춤으로 올라가고,
허페즈의 시, 달콤한 언어가 그대의 가락이로다.

69

오! 설교자, 그대 일이나 하지, 이 무슨 고함인가?
내가 사랑을 했는데 당신이 왜 야단인가?

무(無)에서 창조한 신과의 관계에서,
창조된 인간이 비밀을 풀지 못하는 현묘함이 있도다.

갈대피리처럼 나에게 입술을 주지 않는다면
목적을 이루기 어려우리니,
세상의 모든 충고는 나의 귀에 바람과 같도다.

당신 골목의 거지라면 8단계의 천국도 필요치 않으며,
사랑의 포로라면 현세와 내세에 관심을 둘 필요도 없도다.

사랑에 취해 비틀거렸지만,

내 존재의 밑동은 취하면서 쌓여 갔다.

오! 마음, 연인의 괴롭힘과 부정(不正)에 괴로워말지니,
신은 당신의 운명을 그렇게 만들었으며, 그게 정의로다.

    허페즈여! 소설 속으로 빠져들지 말고,
    환상을 불어넣지 말라.
    이 소설과 환상을 나는
    수없이 기억하고 있기 때문이다.

70

소망으로 이룬 궁궐은 아주 약한 토대임을 알아야 하니,
술을 가져다 주오, 인생의 토대도 바람 위에 있나니.

푸른 하늘 아래 노예인 나는 주인 같은 생각으로,
색계(色界)를 받아들인다 해도 물질로부터 자유롭도다.

어젯밤 술집에서 취해 비틀거렸다는 것을
난 당신에게 어찌 말할까?
깨달음의 세계에서 천사는 내게 좋은 소식을 주었네.

오! 고상한 사고를 지닌 독수리처럼 연꽃에 앉으며 말하길,
"그대 앉을 자리는 비애로 가득한 구석이 아니라네".

그들은 하늘의 작은 첨탑에서 당신을 초대하노니,

"이 올가미에서 무슨 일이 당신에게 벌어졌는지
난 모른다네."

당신에게 제안하노니, 배우고, 행동으로 옮겨라.
이 화두, 도(道)의 스승에게서 이 문구를 기억하노니.

세상의 슬픔에 괴로워말며,
내 충고를 당신의 기억에서 거두지 말라.
구도승에게서 나의 달콤한 얘기를 상기하여라.

"주어진 것에 만족하며, 이맛살을 펴라.
나와 당신에게 '자유의지'의 문은 열려있지 않나니."

불안정한 세상에서 약속을 지킨다는 말을 믿지 말라.

왜냐하면 이 노파는 천 명의 연인의 신부였다네.

밤꾀꼬리야! 장미의 웃음에는
약속과 믿음의 흔적이 없나니,
사랑에 빠진 밤꾀꼬리야,
눈물을 훔치는 데 그치지 말고 통곡을 해라.

      오! 무기력한 그대의 시구(詩句)여,
      당신은 왜 허페즈를 시기하느냐?
      마음으로 받아들이며 시구를 호평하는 것은
      신이 주신 것이니.

71

내 정원에 실삼나무와 전나무가 있으니 그 무엇이 필요할까?
우리 집을 살리는 회양목은 어느 꽃에도 뒤지지 않을 텐데?

오! 사랑스러운 연인이여, 그대 무슨 종교를 가졌더냐.
그대에게 나의 피는 엄마의 모유보다
더 합법적이지 않더냐?

멀리서 슬픔의 그림을 보았을 때 술이 당기나니,
내가 그 이유를 이해함에 슬픔의 약은 술이라.

대사제의 면전에서 왜 나는 고개를 돌리는가?
대사제의 집에는 재물도 있고, 문도 열려 있는데.

사랑의 슬픔은 단지 하나의 이야기에 지나지 않건만,

묘한 것은,
내가 듣는 어떤 언어에서도 그 얘기는 반복이 아니도다.

어젯밤 연인이 사랑놀이하자고 약속했을 때,
그녀 머릿속엔 술이 있었는데,
오늘은 그녀가 무슨 말을 할는지, 머릿속엔 무엇이 있는지.

쉬러즈와 로크나바드의 물과 달콤하고 부드러운 바람,
그것을 비난하지 마오. 왜냐하면 그것들은
세계 7대륙 얼굴 점의 아름다움과 같으니.

어둠의 지역, 엘리야의 생명수와
쉬러즈 생명수의 원천,
'알라후 악바르'(신은 위대하다) 계곡의 물은 다르도다.

난 청빈함을 숭배하며, 재물의 만족을 원치 않는도다.
왕께 말씀드려라, 하루 세 끼는 신이 주신다고

        허페즈여! 너무나 새롭구나, 당신의 갈대 붓은
        달콤한 엿가락의 작은 가지이며,
        그 가지의 열매는 꿀과 설탕보다
        더욱 마음을 녹이는구나.

72

기운을 돋우는 술과 꽃을 체질해서 얻은
향긋한 바람 있을지라도,
풍기단속 경찰관이 신경을 곤두세우는 술을
하프의 연주와 함께 마시지 말지니.

친구와 술병이 당신을 잡는다면,
조심해서 술을 마시게, 불안한 시기이니.

승복의 소매에 술잔을 숨길지니,
술병의 눈, 마개에서 술을 부을 때
이 시대는 피로 물드는구나.

눈물로, 술로 얼룩진 승복을 씻어 내겠노라.
금욕의 시대와 절제의 시기가 왔기 때문이니.

거꾸로 돌아가는 세상에서 즐거움을 쫓지 말지니,
술병 바닥의 찌꺼기가
윗부분의 맑은 술 밀치고 올라오는구나.

높디높은 하늘! 피 튀는 체와 같구나.
체의 찌꺼기는 캐스라 왕의 머리와 파르비즈의 왕관이더냐?

        허페즈여, 흥겨운 시로
        이락[1]과 파르스를 점령했구나.
        이번에는 바그다드와 타브리즈[2]를
        삼킬 차례구나.

---

1 에스파헌, 하마던과 테헤란을 포함하는 이란의 중부지대.
2 이란의 서북지역인 아제르바이잔 주의 주도(主都).

73

장미는 내 가슴에, 술은 내 손에, 연인도 나의 소망대로
그런 날에는 세상의 군주도 내 노예일지니.

이 술집에 양초를 가져오지 마오
오늘밤 우리 회중(會衆)에
연인 얼굴의 달이 휘영청 밝았으니.

나의 종단에 술은 합법이지만,
오! 연인이여, 장미 같은 몸매,
당신 얼굴 없이 술 마심은 불법이라네.

내 귀는 갈대 소리와 아쟁 가락에 젖고,
내 눈은 그대 루비 입술과 돌아가는 술잔을 주시하네.

우리의 술 모임에 향내를 섞지 마오
우리의 영혼에, 매 순간,
당신 머리타래의 향내가 풍겨오네.

설탕과 감미료 달콤하다 말하지 마오
당신의 달콤한 입술, 내 소망이라네.

그대 위한 슬픔의 보물이
내 황폐한 마음에 둥지 틀 때마다,
내겐 화류가의 구석진 곳이 곧 처소라네.

당신은 수치 속에서 왜 말하는가?
나의 명성은 수치로 인한 것.
명성 속에서 당신은 왜 묻는가?

나의 수치는 명성으로 인한 것.

술꾼들은 술집과 화류가 사이를 방황하며,
난 탕아와 눈요기 사이에서.
이 도시에 나 같지 않은 사람, 누가 있으리.

율법집행관에게 내 죄를 말하지 마오.
그도 나처럼 끊임없이 쾌락을 좇으려는 자이니.

       허페즈! 술 없이, 연인 없이 일순도 앉지 마라.
       장미, 재스민의 계절, 단식 이후의 축제이니.

74

수도자인 체 외면을 숭상하는 자!
우리 내면에 자리한 신의 은총을 알지 못하네.
나에 관해 그녀가 무슨 말을 할지라도
난 어떠한 혐오감도 없네.

득도의 과정에서 구도승에게 무슨 일이 일어날지라도
그 모든 것이 도움 될지니,
오! 마음, 정도(正道)에선 그 누구도 길을 잃지 않네.

게임을 어떻게 바꿀까 하다가 난 졸(卒)을 움직였네.
난봉꾼의 장기판에서 왕은 힘이 없다네.

수많은 그림으로 높고 매끄러운 이 지붕(天)은 무엇이더냐?
그 어떤 성인도 세상의 신비를 알지 못하니.

신이시여, 누가 자존심 있는 사람이며,
무엇이 견결(堅決)한 신조이나이까?
이 모든 것, 내면의 상처는 있지만 한숨은 쉬지 않는다네.

당신은 말하길, 나의 주인 하느님은 계산을 모르신다.
황제의 낙관은 신이 내린 보답의 흔적이 아니라네.

원하는 사람, 누구든지 오고,
원하는 사람, 누구든지 말하네.
이 왕궁에는 거만도 오만도 없고, 시종도 문지기도 없네.

선술집에 가는 이는 이중인간이 아니며,
고관대작들은 저잣거리에서 술을 마시지 않는다네.

볼품없는 몸매 지녀 몸에 맞지 않는 옷이라 할지라도,
그대 의복 하사품이라면 그 사람 키에 부족함 없다네.

나, 화류가 주인의 노예이며, 그의 미덕 영원하도다.
큰스님이나 수도자의 미덕, 가끔씩 있다가 곧잘 없다네.

      허페즈여! 고결한 성품으로 요직에 앉지 말라.
      난 사랑에만 취해 있고,
      돈과 지위에 묶여 있지 않다네.

75

존재와 공간의 작업장에선 생산이 중요하지 않다네.
술을 가져오렴, 세상의 상품에 관심을 두지 말게.

숭고한 마음과 영혼도 연인 가까이에서만 소망 있네.
소망은 이런 것. 연인이 없다면,
마음과 영혼도 가치 없네.

천국의 '연꽃과 투바(Tuba)' 나무 그늘을 쫓아
그 미덕을 받지 않겠노라.
오! 연인이여, 당신이 천국에서 추구하는 안락이
전부는 아니라네.

행운은 마음의 피가 솟구치지 않고 가슴으로 오는 것.
그렇지 않다면 공들여 만든 연인의 정원,

아무것도 아닐지니.

당신이 이 세상에 머물렀던 5일간,
잠깐이지만 즐겁게 지낼진대. 인생은 길지 않나니.

오! 부인이여, 해탈의 바닷가에서 난 기다리고 있소
입술에서 입으로 술잔을 옮기는 그 순간처럼,
짧은 인생의 기회를 이용하오

수도자여! 조심하오, 운명의 장난에서 안전하지 않으니.
수피 사원과 조로아스터교 사원의 거리가 멀지 않나니. 1

---

1 조로아스터교 - 불교 - 마니교(신불교)로 내려오는 페르시아의 범신론적 신앙체계에서 페르시아 수피즘은 불교가 탄압 받으면서 존속한 사상이다. 이 수피즘이 개혁적 성향의 신불교인 마니교로 출현한다. 이런 맥락에서, 조로아스터교에서 이어지는 수피즘과 이를

내 영혼의 병은 아픔과 슬픔도 태워버렸으며,
입 밖으로 설명하는 것만이 능사는 아닐진대.

        허페즈의 시 쓰기가 큰 명성을 얻었지만,
        탕아 앞에서 그 명성의 얻음과 잃음이란
        무의미하도다.

신봉하는 수피들이 거하는 수피사원은 심리적으로 조로아스터교 사원과 가까운데, 어느 한 종교에 매몰되면 운명론적 결정론에 휘말릴 우려가 있다는 의미이다.

76

밤꾀꼬리, 곱게 물든 장미 꽃잎에 부리를 대고 있네.
꽃잎 곁에서 흥겹게 흥얼거리지만 울고 있구나.

난 밤꾀꼬리에게 말하길,
"연인을 만났는데 웬 울음이더냐?"
대답하길, "연인의 아름다움 때문에
차마 쳐다보지 못하겠네요".

연인이 내 곁에 없다 해도 불평하지 않으리.
거만한 왕이 거지에 관심 두지 않듯.

아름다운 연인, 내 간청과 탄원에도 아랑곳 않네.
美의 화신과 마주할 기회가 있다는 것만으로도 기쁘구나.

일어나라! 우리는 화가(神)의 붓에 영혼을 바쳐야 하네.
그 화가는 한 획 한 획의 붓질로
걸출한 그림을 그리려 하나니.

사랑의 길 제자라면 불명예에 괘념치 말지라.
큰스님은 고귀한 승복을 술집에 저당 잡혔다네.

大수피는 한 종교에 매몰되지 않고,
시간을 초월한 듯 보이도다.
왕의 목에 건 염주는
조로아스터 교도의 둥근 허리띠에 비견되도다.

    허페즈의 눈,
    천사 같은 연인이 있는 왕궁의 벽 아래 머물고,
    연인 궁궐의 벽 아래서 울고 있도다.

77

흠결 없는 수도승이여! 탕아의 단점, 말하지 말라.
다른 이의 실수와 잘못은 당신과 무관하나니.

내 잘하든 못하든 당신에겐 책임 없네.
어떤 이도 뿌린 대로 거두게 되어 있나니.

정신이 온전하든 취했든, 모든 이는 연인의 추종자,
모든 곳은 사랑의 집. 이슬람 사원이든,
유대교회이든, 신은 어디에나 계시도다.

난 술집에서 神을 보며 술집에 머리를 숙이네.
성직자들이 이 말을 이해하지 못한다면
스스로 머리를 벽에 박는 격이도다.

나는 신의 자비에 대한 기대를 접지 않네.
장막 뒤에서 누가 잘하고 못했는지, 너는 어찌 아느냐?

난 종교적인 잘못을 저지른 게 없네.
나의 아버지, 아담도 영원의 천국을 포기했나니.

  허페즈여! 죽음의 날, 술잔을 갖고 오렴.
  화류가의 골목에서 술 한 잔이 그댈
  천국으로 이끌 테니.

78

새벽에 밤꾀꼬리가 깨어나면서 장미에게 말했다네.
"애교떨지 마, 이 정원에는
당신 같은 꽃이 수없이 많이 피어 있어".

장미는 웃으면서 말했다네.
"당신의 옳은 말에 나 우울하진 않지만,
어떤 연인도 자기 연인에겐 심한 말을 뱉지 않건만."

만약 당신, 보석으로 장식된 잔에 담긴
붉은 술 원한다면,
당신의 속눈썹 끝으로
수많은 보석을 꿰어야만 마실 수 있다네.

마지막 세상까지 정(情) 내음이 코에 닿지 않는다면,

누구도 술집의 더러움을 눈썹으로 닦아내지 않는다네.

지상낙원의 정원에서, 어젯밤, 바람의 미덕으로,
히아신스의 머리카락이 새벽바람에 흩날리네.

난 말하길, "오! 잠시드 왕의 옥좌여,
세상을 보는 잔은 어디에?"
오! 슬프도다,
깨어있는 권력이 잠들어 버렸으니라고 말하네.

'사랑의 말'은 언어로 표현될 수 없는 것.
부인! 술 한 잔 주오
이런 말 주고받는 것을 그만 두자고

지혜와 인내심을 바다에 던지고서
하페즈는 눈물을 흘리네.
그가 무엇을 할 수 있겠는가?
열정적 사랑의 슬픔을 숨기기란 불가능하니.

79

신이시여! 나의 연인을 안전하게 지켜주소서.
다시 돌아왔기에, 난 비난의 속박에서 해방되었네.

연인이 여행했던 길의 흙을 가져와,
내가 본 세상의 눈으로 연인의 처소를 만드나니.

오호라! 여섯 방향에서 나의 길을 막아서는구나.
그 육방위(六方位)는 점, 몸매, 머리카락,
얼굴, 뺨과 신장.

오늘 난 당신 손아귀에 있으니 자비를 베풀어주오
내일 한 줌 흙으로 돌아가니 후회의 눈물이 무슨 소용이랴.

오! 사랑을 말로만 하는가,

난 당신과 얘기할 게 없으니 작별을 고하네.

사랑의 거지여! 연인이 칼로 죽인다 해도 슬퍼하지 마오
이 무리들은 살해로 인해 핏값도 받아가네.

성직자 이맘 옷을 태워 버리게. 왜냐고,
이맘의 사원벽감 궁형(弓形)을
부인의 눈썹 곡선미로 대치할 수 있기에.

결코 난 당신의 괴롭힘과 학정에 울지 않나니,
우아한 여성의 앙칼스러움은 모두 미덕과 관대함이기에.

      허페즈여! 그대의 머리타래로 칭칭 감으려는
      얘기들을 끝맺지 말지니,

이 사슬은 마지막 심판의 날까지
묶여 있을 것이라.

80

당신의 몸이 의원(醫員)들의 도움을 필요로 하지 않았으면,
당신의 가냘픈 존재는 다쳐서
괴로움을 당하지 않았으면 좋으련만!

모든 세상의 건강은 당신의 건강에 달려 있소
어떤 질환도 당신에게 없었으면 하오

얼굴의 아름다움도 당신의 정신적 건강함에서,
밖으로 화를 내거나 안으로 기운이 꺾이지 않았으면 하오

이 정원에서 결실의 계절에 약탈로 잎이 떨어지고,
훤칠한 삼나무에까지 손이 닿지 않도록!

그 장소에서 당신의 미가 드러나기 시작했으며,

비관과 변덕으로 조롱의 기회가 되지 말았으면!

당신의 달과 같은 얼굴을
질투의 눈으로 보는 이는 누구든지,
당신의 불에 그의 생명을 구하기 위해 신성한 향을 피워라.

   흑설탕을 뿌리는 말들,
   허페즈에게서 치료비법을 구하라.
   장미수나 각설탕의 약물에 기대지 말라.

81

우정의 나무를 심으면 마음속에 善함의 열매를 거두고,
악의의 싹을 뽑지 않으면 고통의 수렁으로 빠질 테니.

당신이 화류가에 갈 때 탕아에게도 예의를 갖추고,
오! 연인아,
당신이 술에 취해 그 고통으로 머리가 아프다오

밤의 얘기꽃에 가치를 두고 낮의 시대는 끝났으니,
영원한 우주의 순환 속에 낮과 밤은 끊임없이 찾아든다오

가마꾼에게 달덩이 연인,
릴라의 가마를 열어제치도록 명해주소서.
신이시여, 릴라와 사랑에 빠진
마즈눈의 마음속에 영감을 내리소서. [1]

오! 마음, 봄을 마음으로 느끼지 못한다면
이 정원도 매년 같으려니,
백 송이의 재스민이 피어나고
천 마리의 밤꾀꼬리가 오는데도

신이시여! 그대의 머리타래에 묶여 내 마음은 검게 멍들고,
명령하소서, 달콤한 입술이 평온을 가져옴을.

    허페즈여! 노년기에 이 정원에서
    신께 원하노니,
    개울가, 실삼나무의 훤칠한 연인 곁에
    앉을 수만 있다면.

---

1 이루지 못한 마즈눈과 릴라의 사랑을 주제로 한 이야기이다. 릴라는 마즈눈과의 이별로 인해 병을 앓다가 세상을 떠난다. 릴라의 사망소식을 접한 마즈눈은 연인의 무덤에 가서 비탄에 잠겨 그곳에서 숨을 거둔다.

82

추파를 던져라, 매혹의 시장을 부수어라.
화려한 추파로, 사마리아인의 얼굴을 부수어라.

온 세상의 머리와 터번에 바람아, 불어라,
매혹의 길에서, 그대 귀 위의 모자를 부수어라.

머리타래에게 말해라, "오만의 길을 포기하라".
추파로 말해라, "억압의 마음을 부수어라".

우아하게 걸어나가라,
모든 사람에게서 아름다움을 취하라.
매혹적인 여인을 응징하고, 요정의 호화로움을 부수어라.

사슴의 눈으로 태양의 사자를 훑어보아라.

흰 두 눈썹으로 주피터의 활을 부수어라.

미풍의 호흡에서 내뿜는 향수는
히아신스의 머리타래가 되고,
그대의 향기 나는 머리타래로 그 가치를 부수어라.

    오! 허페즈여!
    밤꾀꼬리가 웅변술을 팔아먹을 때,
    당신은 페르시아어로 말함으로써
    그 가치를 부수어라.

83

내가 그녀의 흙길이 된다면
그녀는 나로 인해 치마를 흔든다.
"나의 마음이 돌아온다"고 말한다면
그녀는 내게서 얼굴을 돌릴 텐데.

홍조 띤 얼굴을 모든 이에게 장미와 같이 보여주어,
"감추라"고 내가 말한다면 그녀는 내 앞에서 사라지리니.

나의 눈으로 말했도다,
"마지막으로 그윽한 한 번의 시선을".
"당신은 내가 피의 냇물을 쏟아내길 원하는지"라고
말하면서.

그녀는 내 피에 목말라하고, 난 그녀 입술에,

난 그녀에게서 소망을 빼앗고,
그녀는 내게서 정의를 빼앗는도다.

그녀 앞, 양초와 같이 내가 죽는다면
나의 슬픔으로 아침과 같이 그녀는 웃으리니,
내가 슬프다면 그녀의 가녀린 마음은
나와는 달리 노하게 될지니.

혹독함 속에서 태어난 내 생명이기에 두려움 없도다,
많은 달콤한 얘기들만 내게 남을지니.

친구여, 그녀의 입을 위하여, 자! 보라,
나의 생명을 바쳤도다.
그녀는 하찮은 일에도 내게서 물러나 있으며.

허페즈여! 끝내라,
이런 식으로 그대가 사랑의 교훈을 읽는다면,
구석, 구석에서 사랑은
나에 대한 얘기를 풀어놓을 테니.

84

우리가 겉으로는 왕의 노예일지라도,
우리는 아침 나라의 왕이다.

소매에는 보석이 있으며 지갑은 비어,
난 세상을 보는 잔이며 흙길이다.

그대 앞에선 정신을 차리며, 거만함으로 술이 취해,
신을 인식하는 바다와 죄의 바다에도 빠져 있다.

행운의 여왕, 연인이 아양을 떨 때,
나는 달덩이 같은 그녀 얼굴의 거울이니.

나는 매일 밤 여왕을 경계하며,
나는 왕관의 수호자.

말하라, "우리의 축복은 전리품을 세는 것."
당신이 잠자는 사이에도 나의 눈은 떠있다.

만수르 왕은 이것을 알고 있으며, 우리는,
우리가 어디에 있든, 어떤 일이라도 완수하며.

적에게는 피의 수의를 만들겠으며,
친구들에게 승리의 의복을 입히겠노라.

우리는 이중적인 얼굴색을 하지 않으며,
우리는 붉은색을 띤 사자이거나 검은색의 독사이니.

       허페즈여! 빚을 청산하겠노라고 말하라,
       당신은 시인했으며 우리는 그 목격자이노라.

85

늙고 지쳐 일할 수 없을지라도,
그대의 얼굴을 기억할 때면 난 젊어지나니.

신께 감사하며 무엇이든지 난 신께 갈구하면서,
스스로 최고조의 능력을 발휘했다.

오! 어린 장미 덤불, 행운의 열매를 즐겨라, 왜냐하면 난,
당신의 그늘에서 세상이라는 정원의 밤꾀꼬리가 되었다.

처음에는 내 존재의 아래, 위도 구별할 수 없었다.
그대는 슬픔의 학교에서 겪은지라, 이 정도로 깨우침의 묘함도 얻게 되었도다.
운명이 나를 화류가로 보냈으니,
내가 이렇게 되거나, 저렇게 될지라도

그날 내 마음에 정신의 문 열리고,
대사제 앞, 앉아있는 이들 중에 나도 자리를 잡았다.

영원한 행복의 왕도(王道), 왕좌에 앉았노라.
술잔을 기울이며 친구들 마음속 소망을 이루어 주었다.

유혹하는 당신의 눈이 나에게 꽂혔을 때부터,
최후의 날 유혹에 맞서 난 안전하며.

해와 달이 바뀌어 내가 늙는 게 아니라
그대의 신실치 못함 때문이며,
그로 인해 나이를 먹었으며 늙었나니.

어젯밤 나에게 기쁜 기별을 주었으니,
허페즈여!
돌아와 주오,
그대의 죄를 용서하며, 내가 다 책임질 테니.

86

의사에게 나의 슬픔을 말한 것만큼,
불쌍한 이방인을 치료하지 못했다네.

바람과 한순간 사랑을 한 장미는,
영원한 연인, 밤꾀꼬리에게 부끄러워해야 할진대.

신이시여! 다시 만날 수 있도록 기회를 주오
사랑하는 이의 눈은 사랑받는 이의 얼굴을 향해.

사랑의 보석함에는 자신의 도장이 찍혀 있지 않으며,
신이시여! 그녀의 사랑이
다른 이들과 이루어지지 않게 해주소서!

오! 은혜를 베푸는 자가 당신과 결합할
박애의 밥상을, 마지막으로,
언제까지 난 혜택을 받지 못하는 자들 중에 있을 건가?

    허페즈여! 상사병으로
    세상에서 유명해지지는 않았을 텐데.
    만약에 충고자의 조언을 들었더라면.

87

친구들과 만난 날을 기억해 본다.
그 시절을 더듬어 보고 반추해 보자꾸나!

슬픔의 쓰라림으로 내 입안은 독을 삼킨 듯,
술꾼들의 건배소리가 그립구나.

친구들이 나를 기억하지 못할지라도,
나로서는 그들을 수천 번 기억해내는도다!

이 재앙의 속박에 난 묶여 있도다.
진실을 지켜주던 친구들의 그 노력, 기억하련다!

내 눈에는 백 개의 강이 끊임없이 흐른다 할지라도,
'젠다' 강과 '커런' 정원을 기억하며 즐거워한다.

이 이후 허페즈의 마음속 비밀은
말하지 않은 채 남아 있으니.
오호라! 비밀을 지켜준 친구들,
기억하도다.

88

말 통하는 두 친구와 두 사발의 오래된 술,
평정, 책과 잔디밭 구석에서.

나는 현세와 내세 어디든지 변하지 않으리니,
어느 순간, 어느 단체에 속해 있다 해도

헛된 만족을 세상의 보석에 두고,
잘생긴 귀공자를 헐값으로 팔았다.

오라, 이 세상의 번성함도 적지 않으니,
당신과 같은 땡중, 나 같은 탕아의 세상에도

회오리바람으로 볼 수는 없지만,
그래도 이 잔디에는 장미와 재스민이 있다.

보라, 이 유리잔에 보이는 야릇한 그림,
나의 몽롱한 모습에도 놀라지조차 않는구나.

화원을 스쳐가는 돌풍에도,
기이하다. 장미의 향기와 찔레꽃의 색깔이 머물다니.

진리포기는 불가능하니, 오! 마음 견디어라,
그런 귀한 보석 인장은 악마의 손아귀에.

        세상 본성이 파괴되는 이 재난, 허페즈여!
        고름을 짜낼 전의(典醫)는 한의더냐, 양의더냐.

• 허페즈 주요 연보 •

1320~1325년 사이에 이란 남부의 도시, 쉬러즈에서 허페즈는 태어났다.

1330~1340년(10대). 아버지의 코란 염송을 들으며 코란을 암송했을 뿐만 아니라 중세 페르시아(이란)의 대시인 사아디 (1291?~1294?년 歿), 아터르 니셔부리(1220년 歿), 몰라비(루미, 1273년 歿)와 내저미(1209년 歿)의 시도 암송하였다.

숯 판매상을 했던 그의 아버지는 많은 빚을 남긴 채 세상을 떠났다. 허페즈와 어머니는 삼촌과 함께 살았으며 포목점과 제과점에서 일하기 위해 주간 학교를 그만두었다.

1341년(21세). 제과점에서 점원으로 일하는 동안, 읍내의 부유한 지역으로 빵을 배달했으며 믿을 수 없을 만큼의 아름다운 젊은 여인, 셔케 나바트를 만난다. 그는 20대에 결혼을 한 이후에도 창조주의 아름다움에 대한 완벽한 상징으로서 그녀에 대한 사랑을 계속했다. 시의 곳곳에 그녀에게 사랑을 전하고 있다.

그의 연인과 연락이 닿고자 하는 일념에서 허페즈는 40일 밤낮을 버버 쿠히(덕과 고결성으로 잘 알려진 이름)의 무덤에서 철야기도로 밤을 지새웠다. 이를 성공적으로 마친 후 영적인 스승, 아터르(아터르 니셔부리가 아님)를 만났으며 그의 제자가 되었다.

1341년~1350년(20대 초~30대 초반). 아부 이삭(Abu Ishak)의 궁정시인이 되어 쉬러즈에서 명성과 영향력을 얻었다. 이는 그의 시가 영적 낭만주의 단계로 접어드는 계기가 되었다.

1353년(33세). 모바리즈 모자파르는 쉬러즈 시를 장악했으며, 그는 대학에서 코란학을 강의했던 허페즈를 내쫓았다. 이 당시 그는 항의시를 발표하기도 했다.

1358년(38세). 쇼자(shoja)왕은 자신의 아버지인 폭군을 포로로 체포했으며 허페즈를 대학의 교수직에 복직시켰다. 그는 시에서 정묘한 영성의 단계에 진입하기 시작했다.

1360년대(40대 초반). 쇼자왕의 호의와 관심이 멀어졌다.

1368년(48세). 허페즈는 독자적 행동에 대한 민중의 반발에 부딪쳐 쉬러즈를 도망쳐 에스파헌으로 망명했다. 그의 시는 주로 쉬러즈, 셔케 나바트와 영적 스승, 아터르에 대한 그리움을 토로하고 있다.

1372년(52세). 쇼자왕의 초대에 의해 망명생활을 끝내고 쉬러즈로 돌아와 대학의 교수직에 복직되었다.

1380년(60세). 창조주와의 결합을 갈망하며 40일 밤낮을 스스로 그린 원안에 꼿꼿이 앉아 수도에 정진했다.

철야기도 40일째 아침 영적인 거장 아터르와의 만남 40주년을 기념하여 스승을 찾아갔다. 아터르가 그에게 따라준 포도주 한 잔을 마시면서 허페즈는 우주적 의식 혹은 신에 대한 인식의 영역에 도달했다.

1380년대(60대). 1390년 세상을 떠나기 전까지 그는 가잘(*Sonnet*) 작품의 반 이상을 60대에 지었으며 제자들의 소모임을 이끌며 가르쳤다. 이 당시 그의 시는 신과의 합일을 이룬 스승 아터르의 권위에 대해 노래하고 있다.

· 역자 소개 ·

■ 신규섭(辛圭燮)
한국외국어대학교 이란어과 졸업.
파키스탄 카라치대학 페르시아어과 석사.
파키스탄 펀잡대학 페르시아어과 박사.
현재 한국외국어대학교 외국문학연구소 연구교수.

주요 관심분야: 애르펀(Mysticism, 페르시아 수피즘), 중세 페르시아 고전시학.
주요 활동: 페르시아어 번역에 꾸준히 매진해 왔을 뿐만 아니라, 지난 십여 년간 대기업 회장과 임원, 산자부 장·차관의 통역을 맡으면서 경제통상분야와 석유사업과 관련해 적극적인 활동을 펼쳤다. 2004년 2월에는 노무현 대통령 통역을 비롯해, 외무·국방·문화관광부 장관을 통역하면서 이라크 파병문제를 포함한 국가사업에도 일익을 담당했다.

주요 논저 : 《페르시아 문화》, 《페르시아어 문법·회화》(이상 저서), 《세 방울의 피》, 《사죄(謝罪)》, 《페르시아어 작문》, 《파키스탄(우루두)어 문법》, 《파키스탄(우루두)어 회화》(이상 역/편저), 《아시아 아프리카 문학》, 《20세기 중동을 움직인 50인》(이상 공저), "모함마드 이크발 시(詩)의 사상과 기법이 이란과 아대륙(파키스탄, 아프카니스탄)의 페르시아어 시인들에게 끼친 영향", "괴테와 페르시아 문학과의 연계성 찾기", "이란의 종교권력과 문학형식의 변화", "아프가니스탄의 고전 시문학에 관한 연구", "모함마드 이크발의 페르시아어 시에 나타난 사상체계" 등.